イノベーション具現化のススメ

イノベーションを
具現化する
知財・投資・出口、
3つの戦略

瀬戸 篤＋武田 立＋金丸清隆＋江戸川泰路＝［著］

同文舘出版

はじめに

日本はイノベーションの豊かな国だ。ドラッカーは著書『イノベーションと企業家精神』の日本語版への序文において「日本の現代史における二つの時代ほど、イノベーションと企業家精神にかかわるケース・ストーリーの多い時代はない。明治維新と、第二次世界大戦の復興期である。」（i頁）と指摘する。

そこで、世界で知られる日本の現代企業経営者に問いたい。足下の国際競争力が揺らいでいる時に、持てる資源を自国のテクノロジーベンチャーに注入し、新たな知（テクノロジー）を自社の資源と混合させるイノベーションを、自らの存続のために開始すべき時が到来しているではないだろうか？　1～2年先の利益に追われ、10～20年後に開花すべき投資を忘れてはいないだろうか？

武田と瀬戸は、前作『イノベーションの成功と失敗』（同文舘出版、２０１５）において、こうした日本の困難な時代にあって日本人のエンジニアや経営者たちが戦前・戦中・戦後にかけて生み出した数々の技術イノベーションについて改めて見つめ直し、そこに共通する成功と失敗の因子を探り出そうと試みた。その結果、「イノベーションの方程式＝知の創造＋知の具現化＋知の商業化」の導出に至った。幸い、すくなからずの読者から、「イノベーションの方程式概念はわかった。それでは、方程式を実際に起動させ、商業化の成功までたどり着くにはどうしたらよいのか？」という質問を多数頂いた。

小樽商科大学（明治44（1911）年に旧小樽高等商業学校として開校）では、明治期の高等商業学校創設から1世紀を経て、1945年の敗戦ですら変わらなかった国立大学組織のイノベーションともいえる「国立大学法人」に2004年改組された。その時誕生した「専門職大学院商学研究科アントレプレナーシップ専攻（通称OBSビジネススクール）」において、過去16年間にわたり科目「テクノロジービジネス創造」を共同で学び教えてきた4名（瀬戸篤（せと・あつし）、武田立（たけだ・とおる）、金丸清隆（かなまる・きよたか）、江戸川泰路（えどがわ・たいじ））が、商業化にたどり着くための課題に応えるべく共同で本書の執筆を開始した。

その結果、本書の内容は、同ビジネススクールにおける講義ノート・資料、日立製作所川村会長（当時）をはじめとする多数のゲスト講師、及び院生諸君との真摯なディスカッションがベースとなっている。

4人は、それまでに蓄積されたノートをもとに、知の商業化の背景と課題、その実現のために欠かせないテクノロジーベンチャーがとるべき3つの戦略（知財・投資・出口）が、確実に我が国で実行されるように本書を構想し、分担執筆した。

第1章「知の商業化」では、瀬戸（小樽商科大学教授）が担当し、なぜ知の商業化が必要かを明らかにする。そして、前著『イノベーションの成功と失敗』で導出された「イノベーションの方程式」を完結させる「知の商業化」の構造を定義する。さらに、知の商業化に欠かせないテクノロジーベンチャーの機能と役割について、その重要性を国民経済学の視点から英国との比較において分析する。

以後、第2章から4章まで、テクノロジーベンチャーに欠かせない3つの戦略を展開する。すなわち、第2章「知財戦略」は金丸（弁理士）が担当し、知的財産と呼ばれる知的資源が中小ベンチャーにおいてどのように保護活用されるべきか、具体例を素材にして解説する。特に知財化に不慣れな中小企業が陥りがちな特許取得神話を打破すべく、強力に知財を守れる総合的な知的財産戦略を豊富なビジネスの実例を交え提示する。

第3章「投資戦略」は武田（元SONYエンジニア）が担当し、知は最終的に国民経済ならびに発明者個人にとって最大の資本であることを実証する。一般的に考えられる発明や特許は、それに資本投下されて初めて資本財となる。そのプロセスに対してエンジニア・サイエンティストは無関心であってはならず、言語の領域までさかのぼり投資戦略を解説する。少々難解だが、資本と知識が同一次元で語られる。

第4章「出口戦略」は江戸川（公認会計士）が担当し、これまで多くの上場ないし非上場の新興ベンチャーを支援した経験をもとに、これらのベンチャーが受けた投資の出口をあらかじめ想定し、技術の活用先として期待される大手企業へ技術の橋渡しを担うテクノロジーベンチャーのあるべき出口戦略がM&Aであることを解説する。

最後に、第5章「テクノロジーベンチャーが日本の未来を救う」では、再び瀬戸が担当し、産学連携がどのように国や企業の産業競争力に貢献したかを歴史的に検証し、もって日本の未来を構想する。

このように、それぞれの専門家が、テクノロジーベンチャーを生み成功させるために執筆した具体的方法論である各章は、それゆえにどこから読み始めても構わない。しかも、その内容は通常の教科書や概論を超え、全ては過去四半世紀以上に及ぶ著者らの実務経験と講義における4人の共働が生み出した実践結果に基づいている。だからこそ、テクノロジーベンチャーの当事者のみならず、現在そして将来に支援者となるベンチャーキャピタル（VC）や、将来ベンチャー支援に着手したいと考えている実務専門家にとっても有益な知識と考える。

今、日本人1人ひとりが行動しなければ、英語という世界共通言語を持つ英国よりも、さらに悲惨な未来が日本を襲う。そして、この悲惨な未来を今創造的に再構築しなければ、10~30年後の日本の未来は極めて暗い。だからこそ、時を失する前に新たな第一歩を踏み出す必要があり、本書公刊の目的もそこにある。

目　次

3章 投資戦略

1章 知の商業化

1 知の商業化が国民経済に欠かせない理由

(1) 産業界と学界の乖離が生み出す国力衰退の危機

一般に、産業界（インダストリ）と学界（アケデミア）は互いの生存領域と目指すべき方向性が異なることを是とする。その結果、産業界ですぐに応用可能な学界における研究成果は、学界から幾分否定的な視点で見られることが多い。その典型的な理由は、「学術は真理の探究を最大目的としており、その名誉は研究成果を学術論文として世に問うことに対して与えられるのだから、産業界での応用開発はそちらでなされればよろしい」からだ。他方、産業界としては「大学や公的研究機関は大規模な財政投資を受けているのだから、納税者に対して責任がある。それゆえ、一刻も早く実用化される技術シーズさえ産業界に提供できれば、あとは良き人材を供給して欲しい」という考えが常識的である。

だが、ここに1つ重大な落とし穴が存在する。学界が研究者の名誉のみを求めて世界の権威ある査読付きジャーナルに研究成果を投稿すればするほど、知財権は確保できず、自国の産業界は特許で守られない技術を自国で製品化できなくなる。第二次世界大戦で数千万人の連合軍兵士を感染症から救った**抗生物質「ペニシリン」は、英国国立研究所で生まれた**にもかかわらず、**特許をとらず**に世界（当時は連合国側）に知らしめた結果、これを知った米国の製薬業界はいち早くペニシリンの量産を可能とする製造特許を取得した。こうして、発明国である英国の製薬業界は、戦後多額の特許料を米国側に支払わなければならない事態に陥った。

ペニシリンの例を冷静に分析すれば、学界に属する国立研究所ならびに発明した研究者は、人類の生存に関わる大発明を少なくとも論文公開の前日までに自国政府へ**「基本特許」**として特許出願すべきであった。それによって、のちに産業界での応用が始まる時に、たとえどのような量産技術が生まれ、その**「応用特許」**が企業の手で取得されようとも「基本特許」の許諾なしに製品化することは不可能であった。その結果、20～25年間にわたり自国と他国の産業界から支払われる知財利用料は製品価格に転嫁され、莫大な報酬が研究所と発明者個人に還元されたであろう。つまり、大学や公的研究所の研究者はたった1つの「基本特許」さえ論文公表前に出願し、取得すればよいのであって、それ以上は本章以降で詳述する後工程（ベンチャー）に任せればよい。「基本特許」の報酬は、単に過去の当該研究に対する公的助成への投資回収であるばかりか、現在の新たな研究に対する公的助成の財源としても活かされる。こうして、社会は知の成果についての還元を直接受けられる。

一方、自国民が、公的資金が投入されて生まれた製品であるにもかかわらず、知財料が価格転嫁された製品の負担を強いられるのではないかとの異論もあろう。しかしながら、人類に貢献する発明が薬品であれ半導体であれ、全世界の人々が必要とする限り、自国の産業界は大幅な好業績を記録して納税し、国全体としては貿易黒字が拡大する。その結果、貿易黒字の累積は国内投資の原資となる国内純貯蓄の増加に劇的に寄与する。反対に、貿易赤字国は学界における研究と、産業界における開発の投資資金の同時枯渇に苦しみ、さらにその状態は他国のハイテク製品の輸入増加によって極端に悪化する。

一方、国内の財政赤字と対外的な貿易赤字に苦しむ米国は、世界最強の通貨ドルを供給するだけで（同額の米国債が他国に買われる限りにおいて）、国内での研究投資と開発投資を続けられる。だが、ドルを為替レートで自国通貨に交換して国内投資を行わなければならない日本や西欧には不可能な方法だ。

だが、石油・ガス全て、食糧資源の過半数、ニッケル・マンガン・鉄鉱石も全く自給できない日本は、知的資源を基盤とする工業製品を輸出し続けない限り、貿易収支は赤字に転じ、他国から輸入する原料資源の輸入代金ドルを確保できなくなる。また、金融やソフトウェアは、開発元と開発先が英語圏である以上、日本語を基盤とする国内向けサービスの国際競争力はゼロに等しい。現在のPC向けOSや各種ソフトウェアを見れば明白だ。そして、国際水準に見合わない円高政策は、海外からの輸入価格を下げる一方で、未だ世界で強い国際競争力のある国内製造業の海外移転を加速化し、貿易赤字は定着化して国内純貯蓄は減少する。その結果、学界に対する公的助成金は減少し、産業界は海外での開発と製品製造に拍車をかける。換言すれば超円高政策は自国の貧困化政策と同義である。

こうした悪循環を絶つためには、**（a）為替レートを購買力平価（同水準の公共料金や一般物価、医療・教育サービス価格を他国市場価格で比較した上で、実勢為替レートで割る）に近づける**（著者推計では2020年で1ドル140〜160円が妥当な水準・・・例えば、外国人観光客が日本国内のホテル代を自国の同水準ホテルに比べ安過ぎると感じる理由は、実勢為替レートが購買力平価を上回る円高水準にあるため）、**（b）国内の大学・公的研究機関に対する公的助成を大幅に引き上げるとともに、国内企業の国内投資に対する加速度償却を認める**、2つの政策が必要だ。

（2）「英国病」から学ぶ知の商業化の必要性

だからといって、学界の研究に対する公的助成の増加が、産業界における新製品の開発と製造に繋がる保証はない。だからこそ、知的資源を財産化し、投資を集め、投資リターンを得られる仕組みを作る、すなわち**知的資源を商業化するためのプロセスが欠かせない**。換言すると、商業化するプロセスなしに学界への公的助成を増加させると、かつての英国の二の舞を演じかねない。自国学界の名声は高くとも、自国産業界は国内投資をあきらめ他国での投資活動に走りかねず、結局、自国民は長期的な為替レートの連続切り下げと輸入物価の恒常的高騰、国内の慢性的失業増大という、かつての「英国病」に陥ることは必至だ。

著者が学部時代の1982年に英国私費留学した当時、英国1ポンドは550円であった（当時、英国庶民の食べ物として愛されるフィッシュアンドチップスが露店で2ポンド（1100円）、地下鉄片道切符が1ポンド（550円）だった）。

だが、2020年初頭に同じ1ポンドは140円を切っている。実に、38年間でポンド価値は円に対して4分の1まで下落した。国内の真の所得上昇分を無視すると、単純に英国の海外からの輸入価格は4倍に高騰した計算になる。実際には、国内労働生産性の上昇、北海原油の自国供給やEU加盟国との資本サービスの自由化によって、国内物価の上昇は実質で半分程度に抑えられたと考えられる。だが、今回のEU離脱はその逆方向に作用する。私たちは歴史に学ぶことで、200年前に世界初の産業革命に成功した英国が、今やEU諸国における重病人となりつつある現実と、その背景にある**真の理由**に目を閉ざしてはいけない。

英国スコットランドにあるグラスゴー大学内で、1764年にジェームズ・ワットが蒸気機関のコアテクノロジーを発明開発した以後、およそ100年間にわたり英国は産業革命に成功して「世界の工場」としての揺るぎない地位を確立した。だが、苦労して成功した紡績業を主力とする工場主の二世代・三世代の中産階級富裕層は、貴族師弟が学ぶオックス・ブリッジ（オックスフォード大学やケンブリッジ大学とそれに連なる私立寄宿学校群を含む意味）への進学が主流となった。卒業後、実家である製造業への従事を嫌い、しかしながら貴族階級とは異なり自ら大土地を所有しない彼らは、華やかな大英帝国の首都ロンドンで綺麗で高収入が期待できる金融・保険・情報分野を志向した。その結果、彼らの父親たちが苦労して蓄積した国内貯蓄を、惜しげもなく利回りのいい新興工業国米国・ドイツ・日本に投資したのだった。

図表1－1は、日露戦争（1904～05）開戦当時の日本海軍が所有した艦船の製造メーカーが記載されている。当時、ロシア側艦船の全てが自国製だったのに対し、日本側は戦艦6隻の全てが英国製、装甲巡洋艦8隻のうち4隻が英国製、2隻がイタリア製、2隻がドイツ製及びフランス製であった。こうしたことを見ても、日本は当時、産業革命を経由しておらず、戦艦はおろか素材である鋼鉄すら国産化できていなかった。そして、主要艦船のほぼ全てを英国に依存していた。

だが、日露戦争から10年後に始まった第一次世界大戦（1914～19）・第二次世界大戦（1939～45）で完全に国力を喪失した英国は、第二次大戦後の海外植民地喪失とともに産業二流国へと転落した。現在、英国資本による自動車産業・鉄鋼産業・民間造船業は一部を残し国内から消滅し、あるのは海外資本による英国・アイルランド工場のみである（元々英国自動車として生まれ、世界的にも有名な「ミニ」「ロールスロイス」はともにドイツBMWの1つのブランドであり、最終組立は英国だが、プラットフォーム・エンジンはドイツ本国から供給されている）。

一方、日本では、日銀とメガバンク・生保・証券などの金融機関が首都圏に集中立地するゆえに、国内貯蓄の一極集中が機械的に生じているに過ぎない（生命保険に加入すると保険料は自動引き落としで本店のある首都圏に集まる）。だが、こうした機械的貨幣現象を首都圏における富の集積と

図表 1-1　日露戦争時における日本海軍の艦艇製造メーカー

戦艦	排水量	速度	進水年	メーカー
三笠	15,140	18.00	1900/11	英：ヴィッカース
初瀬	15,000	18.00	1899/05	英：アームストロング
朝日	15,200	18.50	1899/03	英：ジョンブラウン
敷島	14,850	18.00	1898/11	英：テームズ
富士	12,500	18.25	1896/03	英：テームズ
八島	12,320	18.25	1896/02	英：アームストロング

装甲巡洋艦	排水量	速度	進水年	メーカー
日進	7,700	20.00	1903/02	伊：アンサンド
春日	7,700	20.00	1902/10	伊：アンサンド
磐手	9,750	20.75	1900/03	英：アームストロング
出雲	9,750	20.00	1898/09	英：アームストロング
八雲	9,695	20.50	1899/07	独：フルカン造船所
吾妻	9,326	20.00	1899/06	仏：ロワール
常盤	9,700	21.50	1989/07	英：アームストロング

出所：板谷俊彦『日露戦争、資金調達の戦い』（新潮選書 2012）p.313 より転載

はき違え、貴重な国内貯蓄運用で高利回りのみを求めて海外直接投資に回すと、やがて国内貯蓄の源泉たる国内製造業と貿易黒字が減少して国の産業競争力を弱体化させる。英国発の経済学と経済史からそう考えざるを得ない。

英国250年の歴史からわれわれが学ぶべきことは、（a）国内貯蓄過剰を利回りが良いからという単純な理由で過度な海外現地投資を行ってはいけない。今日、東アジア及び日本を軍事的に威嚇する中国を見れば明白だ、（b）それゆえに、未来の国内雇用を創出するために、国内

各地にもう一度ハイテク産業を創出しなければならない、（c）貴重な国内貯蓄は（b）のために国内投資されなくてはならない。

現在、日本を代表する世界の一流企業「日立製作所」は、1911年、日立銅山の電気工作部門の輸入電動モーター保守修理を行う作業室で、鉱山オーナーに懇願して生まれた社内ベンチャーであった。その創業者は同工作所の保守課長の小平浪平であり、同じく東京帝大工学部電気学科卒業生だった部下と2名での出発だった。つまり、国内各地の大学や研究機関に眠る知的資源に国内貯蓄を大規模に投資して、国内各地に新産業を興して地方の雇用を増加させる以外に、日本の未来はない。その第一歩は、ペニシリンの例を見るまでもなく国内大学や研究機関で生まれる「基本特許」なのだ。

2 「イノベーションの方程式」における知の商業化

(1) イノベーションの方程式

本書前作にあたる『イノベーションの成功と失敗』の第9章で、武田・瀬戸はイノベーションが生まれるプロセスを方程式として概念提示した。それは、図表1−2による（2015同文舘183頁）。

図表1−2では、イノベーションの実体が、①知の創造→②知の具現化→③知の商業化、として

図表 1-2　イノベーションの方程式

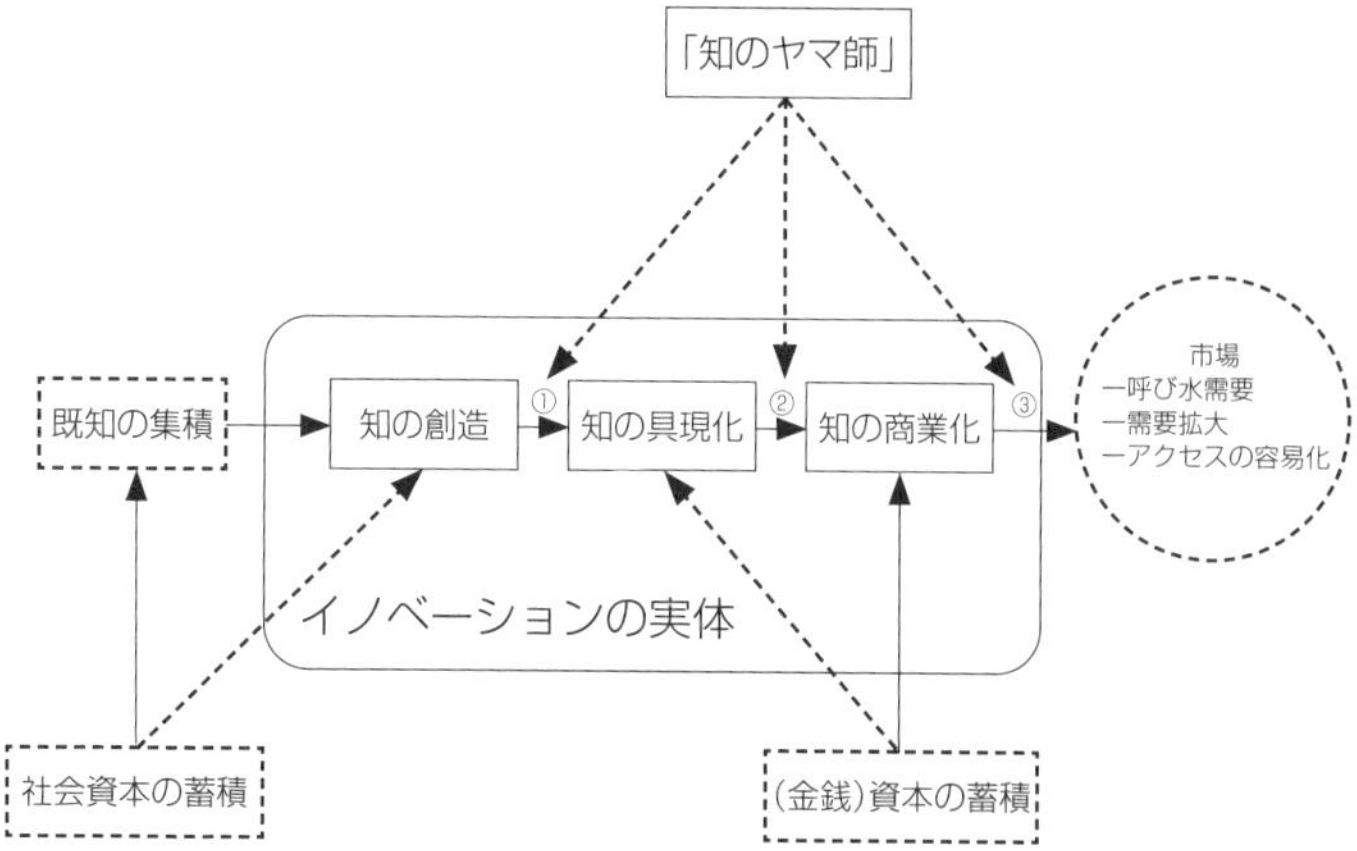

表現され、これが同書で武田・瀬戸が定義した「イノベーションの方程式」そのものである。しかも、同方程式が起動されるためには、知識と資本の蓄積のみならず、方程式の各処でそれを発掘、評価する「知のヤマ師」が欠かせない。

(2) 知の商業化の担い手

この「イノベーションの方程式」を具体的に起動させるための具体的戦略を検討することが本書の課題である。大学は、「知の創造」とその担い手である研究者育成を担っている。戦前から存在する世界に知られる産総研・理研や東北大学の金属材料研究所ならびに電気通信研究所は、大学において創造された「知の具現化」を担っている。それでは、こうして巨額の国民税金が投入される公的研究機関が生み出した**「知の具現化」を、一体誰が商業化するのであろ**

うか？　我が国でそれが未だはっきりしていない。

図表１－３では、図表１－２におけるイノベーションの実体部分を拡大し、その役割分担を示している。図表では、イノベーションの方程式における最終ステップである「知の商業化」段階における担い手はベンチャーだ（当然、知の商業化の担い手であるからテクノロジーベンチャーを意味する）。

１９４５年の敗戦後、軍需から民需に転換した我が国の主要大手メーカーは、家電から発電所、造船、重電、半導体、スーパーコンピューターまで手がけ、彼らがどこかの部門で得た超過利潤を社内部門間で移転させながら、製品として市場に投入できるまでの長く苦しい投資「知の商業化」を担ってきた。

だが、２０００年代に入り、これらの各分野で異変が生じている。もはや中国や韓国などの技術キャッチアップ速度は加速化し、日本メーカーと同程度の高品質を半分以下のコストと時間で製造可能な水準に達した。しかも、それがテレビやスマートフォンのような民生用家電のみならず、ガスタービン発電機、半導体、スーパーコンピューター、５Ｇ通信基地局など国の産業競争力の根幹にまで及んでいる。

図表 1-3　イノベーションの方程式

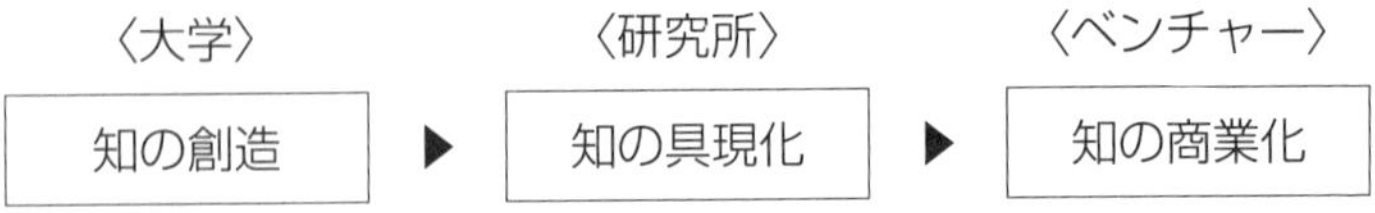

このままでは、1945年以降75年間も活動してきた国内メーカーは、もはや単独で「知の商業化」を担えなくなるばかりか、それぞれの分野で国内企業数が多過ぎて1社あたりの投資額が中国や韓国企業に劣後する状態に陥っている。だとすれば、大手国内メーカーは、自らの得意分野における「選択と集中」を実行せざるを得ないし、同業他社との部門や企業全体の統合再編も避けられない。こうした動きは、ポストコロナによる世界的総需要の減退過程にあたる2020年決算が明らかになる2021年6月株主総会以降、顕著になるであろう。

そうした国際競争で自国先端産業を存続させるためには、国内で生まれた**「知の創造」以降のプロセスを国内テクノロジーベンチャーと国内大手メーカーが分業し、その果実の再分配としてのM&Aが欠かせない。すなわち、大企業とテクノロジーベンチャーが「知の商業化」を協働し、国内イノベーションの前進を続ける他に道はない。**

3　知の商業化を担うテクノロジーベンチャーの役割

知の商業化を実際に遂行するテクノロジーベンチャーについて、その役割を（1）支援する側と、（2）支援される側に分けて考察する。

図表1－4は、知の商業化を担うテクノロジーベンチャーの役割を示している。一般的な自営業設立では、このような役割の分担はなされず、資金作り、業務遂行、経営管理の全てを創業者自身

が行う。その結果、個人創業の成長スピードは遅々としており、企業が20～30年後にある段階に達した時点で家業として身内による事業継承段階に達することが一般的だ。だが、一国のイノベーションの成否を左右する知の商業化プロセスを、家業としての個人創業者に委ねることは物理的に不可能だし、また託すべきでもない。

そこで本節では、1945年以降、米国で急速に発展を遂げたテクノロジーベンチャーのビジネスモデルの日本モデルを考察する。すなわち、米国では経営者が従業員を会社ごと売ることが一般的である。だが日本では、全従業員の幸せを願い、従業員は経営者に会社の永続性を求める共同体志向を可能な限り尊重するビジネスモデルを、私たちは考えなくてはいけない。少なくとも、それが否定されるようなビジネスモデルでは、既存の大手メーカーとテクノロジーベンチャーの双方の従業員から共感を得られないし、知の商業化は結局、失敗しかねない。

図表 1-4　知の商業化を担うテクノロジーベンチャーの役割

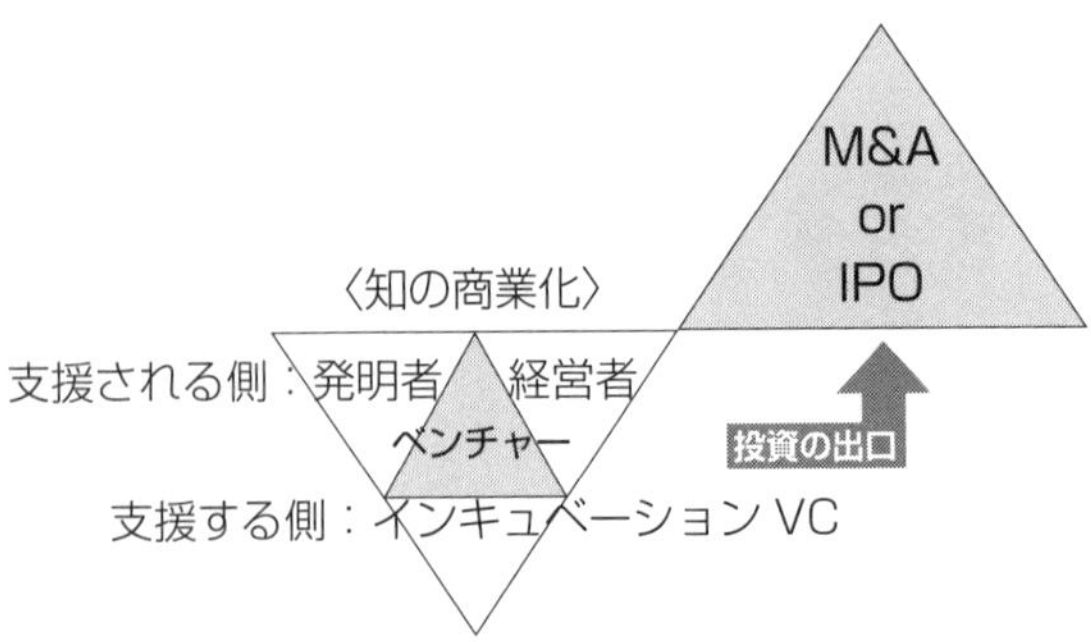

（1）支援する側：インキュベーター VC

著者は2000年代前半に、台湾が世界の6割を供給するパソコンのマザーボード開発生産地域となった「新竹サイエンスパーク」を調査するため、修士課程大学院生とともに出張した。そこには以下に述べる〈3つの機能〉が同居していた。当時サイエンスパーク場長だったリン工学博士（大阪大学工学部大学院博士課程修了）によると、新竹サイエンスパークは、綿密な調査に基づき筑波学園都市をモデルとして台湾政府が総力を挙げて建設した。サイエンスパーク内には、「交通大学」（交通とは台湾で工科の意味）、「工業技術院」、「工場団地」が三位一体として作られていた。大学で生まれた研究成果は、工業技術院内の実験施設内でプロトタイプ（量産前試作）が作られ、その検証結果で性能が良ければその場で技術院内に設置された投資部門が投資してテクノロジーベンチャーが生まれる。ベンチャー創業者は、大学教授・現役大学院生・ポストドクター、そして国家公務員である工業技術院技官を問わない。次に、ベンチャーでの量産化メドがつけば、隣の工場団地内に設置された貸し工場内で生産が始まる。やがて、大きく成長すれば、工場団地内区画を安価に提供して自社工場を持つことが企業に奨励される。こうして、戦略的に設計された産学官連携によって、台湾は電子工業分野で世界に突出した地位を築くことに成功した。

つまり、日米でPCが生まれてわずか20年も経ずして、台湾が世界の主要半導体メーカーを輩出するようになったインフラが、ここに在った。

しかも、われわれ調査メンバー（著者と日本開発銀行（当時）に勤務する現役大学院生のわずか

2名）に対して、100名が収容可能なビジネススクールでは当たり前の円形プレゼンテーションルームにおいて、聡明な秘書がサイエンスパークの過去・現在・未来を中国アクセントのない明瞭な英語で語ってくれた。後で聞けば、彼女の最終学歴は高校卒業であった。

さらには、キャリア事務職員は台北市から単身赴任することが許されず、国家安全保障の観点から家族とともに片道切符により各省庁から転籍して新竹市に異動定住したという。だから、台湾最初の日本製新幹線は台北から新竹間で開通した。また、キャリア職員の多くが米国や日本の理系博士号を有していたが、職務と専門分野の一致性は研究職を除きほとんど見当たらなかった。つまり、サイエンスパーク管理職の多くは、元々化学や工学の分野で留学して他言語を含め専門的に学んだ博士号取得者だが、通常のサイエンスパーク運営実務にあたっていた。また、その若手職員の多くは、日本留学者を除き完全な日本語を解せず、彼らの公用言語は英語だった。

台湾を例にとると、既に学位と職業を有するものは、その専門性を転換して産学官の連携組織に移動する。一芸に秀でたものは、他分野においても見る目を持ち、内容を理解し、その評価を行える。例えば、製造や創薬分野における新たな試みに対して、その内容を完全に理解できなくても、同じサイエンスで博士号を有する研究者なら学術の国際レベルを評価することは可能だ。だから投資の必要条件であるコアテクノロジーを見抜くことができる。

投資の事業可能性評価については、誰でも失敗する可能性が高い。やってみなければわからないからだ。だから、テクノロジー投資の**必要条件**であるコアテクノロジー評価を理系博士号研究者や弁理士に委ね、**十分条件**をビジネス経験の豊富な経営者・銀行支店長・税理士・公認会計士などから構成される委員会がビジネスの可能性を評価することが望ましい。

しばしば日本で生ずる問題は、金や組織の動きに敏感なものが技術評価を下すことにある。技術を理解できないものは技術評価に参加すべきではない。同様に、経営を知らないビジネス未経験者がビジネスの事前評価を行ってはいけない。諸外国に比べ、大学院修了者が軽視され、学部基礎段階でしかなく十分な基礎的訓練も受けていない学術の素人が、学術そのものを評価したがる傾向が日本にはある。それゆえに、日本ではこうしたテクノロジー投資にあたり外部評価が重視される。だが、オリジナルな研究成果は、オリジナルであるがゆえに先行研究は少ないか存在しない。だから、自らがそれまでに蓄積した学術能力をもって異分野の技術評価を行わなければならない。その成功例は台湾で花開いている。

ちなみに、こうした新竹サイエンスパークを国家として強行した当時の指導者は、故李登輝総統だ。李総統は、1922年に日本が台北に設立した旧制台北高等学校を経て大戦中に京都帝国大学農学部に進学し、日本の敗戦後、米国コーネル大学で農学博士号を取得した農業経済学者である。台湾帰国後は台北市長として選出されるまで母校台湾大学の教授であった。つまり、李総統は、農業経済学を専門的に学んだが、法律や政治、経営を学んだわけではなかった。父親は、息子の教育に全財産を注ぐ極めて教育熱心な日本総督府勤務の現地警察官だった。

一般的に、投資の十分条件であるビジネス事前評価において必要な視点は、たった2つしかない。

（a）投資することによって誰を経営者として採用し、誰を顧客にするか?、（b）そのテクノロジーにどのような出口が存在するか?、である。

それゆえ、未上場企業に対して投資を行い、投資先企業の上場支援・転売をも行うベンチャーキャピタル（VC）などの投資担当者は、発明の初期段階から発明者を擁護して良き経営者と巡り会えるまで発明者を保護し、見つかった経営者候補にはそれまでの地位を投げ捨てても構わないと思えるだけの報酬と期間を保証する条件を提示し、これらを全て発明に対する投資によって賄わなければならない。そうでなければ、せっかくのコアテクノロジーを出口までリードできる優秀な経営者を確保することは、ほぼできない。ここで、大学そのものを「発明者」の供給源とすれば、実際にこれを組織化し、投資を受け、ベンチャーを出口まで牽引する役割の全てを大学外の「経営者」が担うこととなる。つまり、発明者が生んだ知の商業化の全プロセスを担うものは「経営者」であり、それを支援する組織体が「インキュベーター＝VC」なのだ。

だとすれば、発明者は明らかに発掘される側であって、発掘する側ではない。ましてや、発明者は自腹で投資するものではなく、自ら発明した知財が「基本特許」として守られ、次にこの知財が第三者によって発掘・投資されなくては、やがて特許の通常有効期間である20年の時間とともに、守られるべき知財も消失してしまう。

だから、発明者の前に支援する側に立つインキュベーターVCが必要なのだ。VCの担い手であるベンチャーキャピタリストは、ひとえに知の創造から具現化に至る素晴らしい素材を発見できる技術先見性と、それを製品として世に送り出すべき投資採算性を事前シミュレーション可能な知性と教養が備わっていなければならない。それゆえ、インキュベーターVCは高度に知的かつ科学的な存在だ。

だが、日本国内では通常、サラリーマンの異動先業務としてこれを行っていることが多い。その結果、ほとんど科学の方法論を大学院レベルで学んだことのない未経験者が、新聞やインターネット上で飛び交う噂や評判をもとに明日の投資発掘を行っている。これでは、5~10年先に投資が実を結ぶかもしれないテクノロジーについて無知であるばかりか、根拠ある投資戦略すら立てられない。

ところが、世界を揺るがす大発明に着目した人間が、米国の大学にいた。彼は、工学素養は持つが、発明者でも経営者でもなかった。職業は「ライセンスアソシエイト」と呼ばれる米国特有の大学特許部に勤務するディレクターだった。スタンフォード大学のスタンレー・コーエン博士とカリフォルニア大学サンフランシスコ校のハーバード・ボイヤー博士の2人は、DNA改変に資する酵素を用いたノリとハサミに関する研究成果を学術誌に1972年に発表した。その後、たまたま新聞紙上で知ったスタンフォード大特許部のニールス・ライマース（元海軍技術兵）は、両教授に遺伝子改変菌による生物工場の可能性を打診して、1974年に特許出願された。これが有名な「コーエン・ボイヤー特許」として知られる世界初の遺伝子改変技術である。

その後、基本特許の出願を知ったベンチャーキャピタリストのR・スワンソンがボイヤー博士と直接交渉し、2人は共同会社を立ち上げることに同意した。そして1976年4月、サンフランシスコの倉庫街で「ジェネンティック社」が誕生した。その後、それまでは豚の膵臓から精製されていたインシュリンは、遺伝子改変した大腸菌から培養タンクで量産可能となり、大成功した。のち、世界的大手製薬企業ロッシュ社がこの技術に着目して同社株式の55・8%を保有し、ロッシュはジェネンティック社を2009年に最終的に4兆5700億円を投じ100%子会社化した。インシュリンは、糖尿病患者に必須の薬品であることから、全世界で数兆円の市場が存在する。ペニシリンと同様、その新たな製造方法を、大学で生まれた「基本特許」をもとにテクノロジーベンチャーを起業すれば、製造されたインシュリンが品質は従来品と変わらず価格は従来品より安価なら、世界市場を席巻できることは明白だった。

そうした原理の商業化に関するビジネス提案をスタンフォード大学特許部の職員が担ったという点で、まさに20世紀最大の成功事例であった。今日、日本国内には86の国立大学法人が存在し、うち数校のみがノーベル賞受賞者27名を輩出している。ところが、国内大学に由来する技術をいくつかの国内企業がペニシリンやインシュリンと同等の意義のある製品を上市したケースはあっても、国内大学の貢献によりテクノロジーベンチャーが実現した例は未だ知られていない。

その結果、産業化に伴う莫大な富も大学と発明者に還元されていないことになる。その結果、優秀な学部学生・大学院生たちは、良い研究も忘れ去られ、やがて静かに大学を去る恩師教授の背中を見て、博士課程を目指さずに既存のビジネスに専念する大手国内メーカーに永久就職してしまう。

これでは、次世代のノーベル賞受賞者は未来に国内で生まれず、優秀な大学教授すら国内で育成できなくなる。同時に、発明者も育成されない。

日本国内に眠る研究資源を顕在化させ、未来の優秀なノーベル賞候補となる教授を育てるためにも、発明者を論文レベルから見いだす発掘作業が国内で欠かせない。善き発掘者はどこにいて、どうやって日々の生活費を得ているのだろうか？　米国では、**（a）大学やＮＩＨなど公的研究機関の特許部ないしＯＴＣ（第５章参照）、（b）自己資産か数人の富裕者から預かった資産をプライベート・ファンドとして運営するもの、として存在する。**特に（b）は、ファンド資金の運用期間内に投資から出口までを行ってキャピタルゲインを得て、ファンド出資者（自らも含まれる）に配当しなければならない。だから、投資対象の発掘が彼らのファンド運用成果を決定的に左右する。彼らは、将来大化けしそうな知の創造と具現化の発掘に人生で最大の情熱を傾ける。

だとすれば、潜在的な発明者が圧倒的に多い日本では、彼らを見いだし、それに投資して、経営者までを紹介派遣する発掘者は、日本で最も切実な希少価値ともいうべき人材ということになる。米国の人口は日本の３倍だが、国立高専を含む理系学部卒業者はほぼ同数だ。つまり、日本は人口比でテクノロジーベンチャーの大国米国の３倍もの基礎的な理系人材が存在する計算になる。しかも、主役たる理系人材が発明者としての価値とミッションに自ら気付いていない以上、その存在に脚光をあてて、彼らを見いだし、投資するインキュベーターＶＣの潜在的候補は、理系人材の中にこそ存在する。

(2) 支援される側：発明者と経営者の分離

しばしば発明者は企業の代表者＝経営者になりたがる傾向が、国内テクノロジーベンチャーで観察される。米国の研究大学や国立研究所では、こうした状態を「利益相反」「責務相反」として厳しく監視・制限し、経営者の道を選ぶなら大学や研究職からの辞職を迫られる。もちろん、発明者が創業者であることに変わりなく、それゆえ現在のCEO（最高経営責任者）であることよりも、創業のきっかけとなった発明者（Inventor）、創業者（Founder）であることが尊敬されるし、発明者は自らストックオプションを大量保有しているから、むしろ有能な「雇われマダム」ならぬ「雇われ経営者」がベンチャー経営では好まれる傾向にある。**そうしてベンチャーによる早期出口化が可能になれば、保有するストックオプションをリアル株式に額面交換した上で、株式市場で売却現金化する。米国に富裕層が突如として生まれる真の理由は、このためだ。**

ところが、日本では「社長」というステータスは今なお高く、社長＝代表取締役＝CEOかつ創業株主といった観念が支配的だ。これは、家族経営すなわち所有と経営が分離されていない「家業」であり、昔存在した「有限会社」では当然だ。ドイツでは未だ家族所有の有限会社（AG）が一般的であり、ボッシュAGやポルシェAGなど創業者一族が経営する大企業は当たり前に存在する。

だが、最初のプロトタイプ開発に最低でも2億円、製品化までに営業活動を含め3億円程度を必要とするテクノロジーベンチャーの場合（創薬ベンチャーなら金額が1桁多い）、経営者が個人資産を担保に借り入れできる金額ではないし、またすべきでもない。なぜなら、テクノロジーベンチャーの創業初期に売上はゼロであり、到底、元金＋金利を支払える状況にないからだ。そこで、第三者投資家（個人・ＶＣ・事業会社ＣＶＣ）に、初期には安く、後になるほど高めで株式を買ってもらい、最終的にＭ＆ＡないしＩＰＯすることによって得られるキャピタルゲインをもって投資家に還元する。だから、創業初期には発明者が経営者であっても、その後の経営者を担うべき職務ではないという考えは、少なくとも米国では一般的だ。１９１２年、イノベーション理論を世界で初めて体系化したシュンペーター教授は、主著『経済発展の理論』において、発明者と企業者（経営者）の役割について、次のように語る。

> なぜわれわれは新結合の遂行に多くの力点をおき、新結合の『発見』や『発明』に力点をおかなかったかがいまや明らかとなる。発明家あるいは一般に技術者の機能と企業者の機能とは一致しない。企業者は発明家でもありうるし、またその逆もありうるが、しかしそれは原理的には偶然にすぎない。（シュンペーター『経済発展の理論（上）』（１９２６改訂版）２３１頁）

つまり、**テクノロジーの発明者と、それを市場に問い投資の出口まで導く経営者は、全く別個の機能と人格を有する**のだ。ＳＯＮＹなら発明者の井深大と経営者の盛田昭夫、ホンダなら発明者の本田宗一郎と経営者の藤澤武夫、ＨＰなら発明者のビル・ヒューレットと経営者のデイビッド・パッカードに相当する。大学に学長と教授が存在するように、経営と研究を同一人格が担うことは非現実的だし、非効率でもある。学長は教授から選出されたら教育と研究をあきらめ大学運営に専念しなくてはいけない。また、上場株式会社の所有と経営が会社法によって明確に分離されているように、第三者資本を初期段階で投下されるテクノロジーベンチャーにおいても、いち早い出口を目指すならば発明者と経営者は分離される必要がある。その方が発明者は儲かるからだ。

結局、発明者は知の創造と初期的な具現化を担い、経営者はその全面的な商業化を推し進めなくては、テクノロジーベンチャーはほぼ確実に失敗する。なぜならば、発明だけを担う発明者と違い、経営者は投資を受け、人を雇用し、企業としての出口を図るスーパーマンのような力量が必要だからだ。事実、SONYで井深のみ、ホンダで本田宗一郎のみでは、創業から5年もせずに会社を潰していたであろう。他方、経営者ないしCFOの役割をたった1人の個人に求めることにも、現代では無理がある。シュンペーター教授が説明するように、閉塞気味な資本主義経済に新たな展望をもたらすものは、革新（5つの旧い生産手段を組み替え）を繰り返す企業者（＝経営者）なのだ。

それでは、困難なテクノロジーベンチャーを出口まで導ける有能かつ戦闘力のある経営者の候補者を、われわれはどこで見つけ、どのように育成すればよいのだろうか？

テクノロジーベンチャーの経営者には、これまでの観察から次の3つの要素が必要と結論する。すなわち、**（a）過去のベンチャーや企業がたどってきた成功と失敗の歴史といった教養、（b）最新の科学が到達した現在理解と、ぼんやりとしながらも技術の近未来について推測が可能な科学・技術の素養と論理的思考力、（c）一般的なビジネススクールなら必修の財務・会計・マーケティング・市場戦略・経営組織、及び企業家精神の知識**、である。

現在、テクノロジーベンチャーが日々生まれる米国では、ＭＢＡスクールが経営者予備軍を量産している。彼らのうち、近未来にＨＰやGoogle級のテクノロジーベンチャーとして成功する経営者はごく少数だとしても、既にＭｓｃ（理系修士）やＰｈＤ（理系博士）を有する研究者やポストドクターが、ＭＢＡスクールでも学び直しＭＢＡを取得し、卒業後にＶＣキャピタリストとなったり、経営者となっている現実は無視できないし、事実成功している。ちなみに、ＩＢＭを倒産から救ったルイス・ガースナーの学歴はダートマス大工学部を卒業後にハーバード大ビジネススクールＭＢＡ修了生であり、ＧＥの生え抜き名経営者として有名なジャック・ウェルチはマサチューセッツ州立大学化学工学専攻を2番で卒業し、イリノイ大学大学院ＰｈＤであったが、入社後、ＧＥ大学と呼ばれる経営技術の社内研修で経営知識を学んでいる。つまり、米国では一流の経営者イコール理系なのだ。

ＰｈＤ&ＭＢＡの直近例として、２０２０年3月にＭＢＡを修了した著者クラス受講者がいる。彼は、慶應義塾大学理工学部で工学基礎を学び、北海道大学大学院博士課程に進学後、並行して小樽商科大学ビジネススクール（専門職大学院商学研究科アントレプレナーシップ専攻）に学び、ＭＢＡを生命科学博士と半年違いで取得した。そして、北大及び小樽商大を卒業すると同時に欧州に向かい、世界的に有名な現地化学メーカーに就職した。同時に彼は、北大に提出予定であったＰｈＤ論文をまとめ学術誌『Science』に論文投稿して、大学院在学中に同誌にファースト・オーサーとして採択掲載された。その背景として、小樽商大ビジネススクールは、北大理系大学院（工学・

情報・農学・医療）とダブルディグリー制度を実施している。毎年MBA定員35名中には、北大理系現役大学院生（修士2年、博士後期2・3年）の1から3名が常に学んでいる。

日本でも、優れたテクノロジーを理解できる経営者を育成するためには、出身が理系学部以上で企業では開発製造や生産管理に10年以上従事経験があるか、理系博士号を取得してポストドクターなどで研究を続けている方に、働きながら、もしくはダブルスクールでの社会人夜間ビジネススクールにおけるMBA取得を積極的に勧めたい。

そこには、近い将来にテクノロジーベンチャーの経営者となった場合、直ちに電話して事業を説明し、投資の可能性について気軽に相談できる仲間が学んでいる。米国のハイテク企業経営者には、PhD&MBAがもはや常識だ。HPの共同創業者であるD・パッカードは、技術者に経営知識が欠かせない状況を、自著『HPway』で説明する。

最近では、ふたつの学位を持つ若者が大勢HPに入社している。ひとつは工学又は科学、もう1つはMBAだ。私はビジネススクールの机上の勉強をとくに高く評価する者ではないが、HPで高い地位につきたいなら、経営と財務を熟知しておくべきなのはまちがいない。（D・パッカード『HPway（増補版）』（2011海と月社）221頁）

だとすれば、通学するMBAがMOT（技術経営）を標榜するスクールであることは必ずしも必要ないし、むしろ将来の投資先となり得るクラスメートを探す目的としてはあまり適合しないかもしれない。政府系・民間の投資銀行やメガバンク、大手証券会社に勤務するクラスメートを得るためにも、一般的なビジネススクールがふさわしいだろう。また、講義の質が担保されている面で、小学校と同じ1講義あたり40人未満の対面式講義が目安だ。理想的には、10人未満のセミナーや講義が望ましい。

ちなみに、少数精鋭といわれるスタンフォード大MBAスクールは30人の専任教員が1学年150名を教えており、マンモス校といわれるペンシルヴァニア大学ウオートンスクールの場合、35人の専任教員が1学年700名を教えている。日本では専門職大学院（ビジネススクール）がMBA教育を担っている。国立大には、明治以来の官立高等商業を前身とする一橋大・神戸大・小樽商大の3校に2004年以来現役社会人でも学べる夜間MBAが設置され、一橋大では17名の専任教員が定員58名を、神戸大は専任教員24名が定員69名を、小樽商大では16名の専任教員が定員35名を教えている（2020年4月現在）。未来の経営者たる理系修士・博士研究者は、高品質な講義と良きクラスメートをMBAスクールで探索すべきだ。

「経営者」は支援対象となる「発明者」を勇気づけるため、その発明内容に精通して、発明者が思いもつかない用途やユーザーを構想探索すべきである。

人と技術しか世界に誇れない無資源国日本を支える産業は、人口の高齢化とともに斜陽化する。もしくは、これらの企業が海外に脱出して国内に失業者が増大してしまう。こうした悪循環を打破するためには、優秀な向学心に富む理系人材を1人でも多く博士課程に進学させ、どのような職業に就こうとも返還義務のない奨学金を与え、さらに経営者のオプションを与えなければ、日本国は確実に衰退の一途をたどることは自明である。

これまでの日本におけるベンチャーブームを冷静に観察すると、発明者に対して5社近いVCが総額1億円未満の少額投資を協調して行い、発明者は開発から経営、VC説明まで全てを負わされるケースが大半だった。その後、大学発ベンチャーが国立大学から続々と生まれるようになると、大学教授自身が初期には経営者も務めながら、やがて有能な経営者に出会い経営を託すようになった。だが、最新の事例では、大学自身が100億円規模のファンドを政府と民間の双方から託され、1件3～5億円の投資が可能となった。それゆえ、日本でも発明者たる教授は自ら経営に携わらなくても経営者を雇うだけの投資を確保できる時代が来た。

4 テクノロジーベンチャーがとるべき3つの戦略

新たな時代を切り開く「発明者」が国内に多数存在する日本では、誰よりも早くそれを発掘して投資する「インキュベーターVC」と、投資を受けてこれを成功に導く有能な「経営者」こそが、日本の未来を切り拓く真の企業家だ。そして、これらテクノロジーベンチャーを支援する側と支援される側が、ドラッカーが「500に3つしか成功しない」という知識によるイノベーションを成功させる戦略を提示する。

図表1−5は、これまでの議論を踏まえ、テクノロジーベンチャーがとるべき3つの戦略を示している。

(1) 知財戦略

先に提示した知の創造に始まり、知の具現化を経て、いよいよ知の商業化に入ると、確実に防御できかつ攻めることができる強い知的財産が欠かせない。そうでなければ支援する側も容易に投資できないからだ。そして、この強力な知的財産は、①特許権のみならず、②実用新案権、③意匠権、④商標権、⑤著作権、⑥営業秘密、に分かれ、これらを駆使して重層的に護られる必要がある。もちろん、そのためには有能な代理人弁理士を国内外で雇う資金も必要だ。だからインキュベーションVCによる投資が不可欠なのだ。

特許出願については、国内出願にとどまらず海外出願も欠かせない。だが、資本金がせいぜい1億円程度の資金力に乏しいテクノロジーベンチャーにとって、

図表 1-5　テクノロジーベンチャーがとるべき3つの戦略

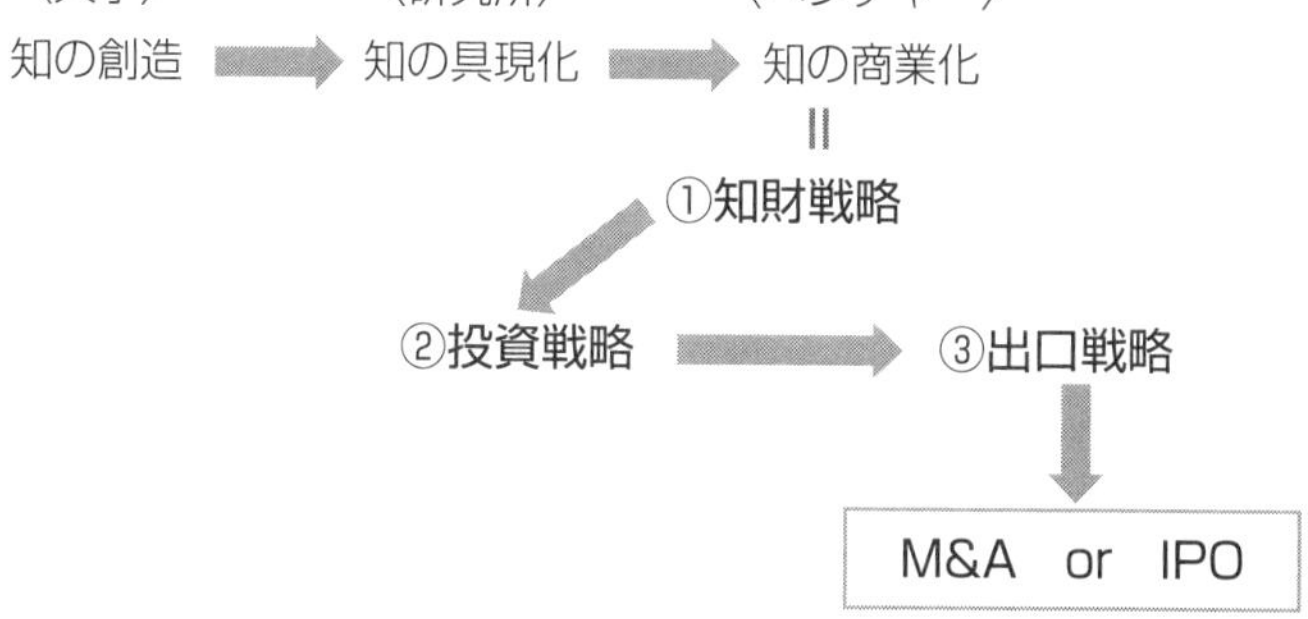

1件あたり数百万円の費用を要する海外出願をいくつもの国別に行う余裕は全くないだろう。だからこそ、大学と一体化するTLOなどの特許管理組織との連携が重要だ。

なお、欧州に関していえば国別に出願しなくても、ドイツ・ミュンヘンに所在する「EU特許庁」に5カ国・7カ国といった広い区分で、地元ミュンヘンの特許事務所を代理人として出願する方法もある。ここでは、半年以内に特許可能性に関するレポートが出願代理人を通じてEU特許庁から出願者へ英語でフィードバックされる。このような欧州特許出願事務所は、完璧な英語対応のドイツ人博士号弁理士によって構成されており、彼らに英語論文を送るだけで欧州出願特許の原案は英語で作成され、EU特許庁に提出される。その最初のコストはわずか30万円程度に過ぎない。このコメントを見てから日本国内に日本語翻訳して出願しても遅くはない。

(2) 投資戦略

次に、知的財産を守れるメドが立てば実際に市場投入するための試作が開始される。その時点でテクノロジーベンチャーは3億円程度の資金が必要だ。そのうち、おおよそ2分の1を開発に、4分の1を経営者の確保に、そして4分の1を一般管理費に振り向ける必要がある。国立大学では既に研究者たる教授の給与は国家が保証している。だが、優れた経営者候補は市場から現在の恵まれた年収を捨てて参加するに値する年収をベンチャー自身がオファーしなければならない。また、投資資金の提供をインキュベーターVCが行う以上、VCが経営者を探索しなければならない。もちろん、発明者とのマッチングも重要だ。だが、投資する以上、マッチング以上に投資を成功させなくてはならない。おそらく45歳から60歳くらいまでの理系学位とＭＢＡに相当する経営知識を有する経営者が成功のベンチマークとなろう。どんなに優れた発明でも、資金が潤沢でも、経営者の知識と行動力（企業家精神）がなければ、投資は必ず失敗する。だから、優れた発明、これに経営者を含めた資金提供を行うインキュベーターＶＣの存在が、テクノロジーベンチャーの必須条件なのだ。

（3）出口戦略

さらに、これらの投資をテクノロジーベンチャーに誘発させるためには、少なくとも支援される側が支援する側に対して、数字によるリターンの現実可能性を明確に示さなくてはならない。これなくして、誰が大切なお金を投資できるであろう。我が国では、優れた理系大学が明治以来国立大学であり続けるために、研究費＝税金投入が当然のこととして受け止められてきた。だが、知を商業化させるためには、主体が純民間のテクノロジーベンチャーでなくてはならないし、その投資に対しては必ず金銭的に報いなければならない。

英国の例からもわかる通り、たとえどれほどの財政支出が政府から大学へなされても、知の商業化にいたらなければ国内産業は衰退し、やがて大学への投入資金も枯渇する。だから、21世紀の国公立大学は知の商業化を育み、世に送り出す商業化プロセスを内包しなければならない。その実行者がテクノロジーベンチャーなのだ。そして、知の商業化は、スタンフォード大でジェネンティック社が大腸菌を用いたインシュリンの大量合成に成功したように、出口戦略の商業的成功をもって完結する。

本書では以降、知の商業化を成功させる条件として、テクノロジーベンチャーがとるべき3つの戦略を、章ごとに独立して解説する。第2章の「知財戦略」は、特に発明者を意識して書かれている。第3章の「投資戦略」は、特にインキュベーターVCを意識している。第4章の「出口戦略」は、特に経営者を意識している。

これら各章は、それぞれ専門家がテクノロジーベンチャー支援のために分担執筆しているので、どの章から読み始めても構わない独立した構成となっている。だが、忘れないで欲しい。これは日本の未来をかけた戦いなのだ。これらを単なるスキルと考えるならば、結局、知の商業化は達成できない。発明者と経営者、インキュベーターVCの三者による協働なくして、日本の未来は決して切り拓けない。

〈参考文献〉
(2015)武田立・瀬戸篤『イノベーションの成功と失敗』同文舘出版・・・(日本の戦前と戦後のイノベーションを分析)
(2001・2002)瀬戸篤『大学発ベンチャー支援システムの研究I・II』小樽商科大学編『商学討究第52巻2・3・4号』・・・(国立大学兼業ベンチャー第一号の支援内容)

2章 知財戦略

1 知的財産の役割

まず、「知的財産」とは一体どのような財産なのであろうか?

日本弁理士会のホームページ(https://www.jpaa.or.jp/)によれば、「人間の知的活動によって生み出されたアイデアや創作物などには、財産的な価値を持つものがあります。そうしたものを総称して『知的財産』と呼びます。」とされている。著者は、正しくは「智的財産」であると考える。なぜならば、「知」との語が、「物事を認識したり判断したりする能力」を意味するのに対し、「智」との語は、「物事をよく理解する」ことを意味するからである。理解に至った物や事であるからこそ、財産に値すると考えるからである。

とはいえ、一般には「知的財産」との語が用いられていることから、本著においても、「知的財産」との語を用いることとする。

「知的財産」は、有体物ではなく、無体物、すなわち「情報」そのものである。有体物の場合、特定の者が占有できるのであるが、情報である「知的財産」は、特定の者が占有できず、複数の者が同時に実施、使用することができてしまう。

その昔、ガリレオ・ガリレイは、揚水・灌漑用機械を発明した際、国王に対し、次のように懇願している。

陛下よ、私は、非常に簡単に、費用が少ししか掛からず、大いに利益のある、水を揚げ耕地を潅水する機械を発明しました。すなわち、ただ一頭の馬の力で、機械に付いている20本の口からひっきりなしに水が出るのです。しかし、私のものであり、非常に骨を折りたくさんの費用を使って完成したその発明が、誰でも使える共有財産となるのは嫌ですから、恭しく（うやうやしく）お願い致します。同じような場合に、陛下のご厚情が、どこかの工場のどんな製作者にもお与えになるお恵みを、何とぞ私にご下賜（かし）ください。すなわち、私と私の子孫、あるいは私や私の子孫からその権利を得た人々の他は誰も、その私の新造機械を製作したり、たとえ作ったとしても、それを使用したり、他の目的のために形を変えて水やその他の材料を用いて使用したりすることを、40年間、あるいは陛下が思し召す期間内は許されないように、もしこれを犯す者は陛下が適当と思し召す罰金に処し、私がその一部をいただきますように、していただきたいと存じます。そうしてくだされば、私は社会の福祉のためにもっと熱心に新しい発明に思いを凝らして、陛下に忠勤を励みます。（オイゲン・ディーゼル（大沢峯雄訳）『技術論』（1943天然社））。

つまり、智と労力と資産を結集させて完成した「知的財産」について、何ら保護がされないとすれば、他者による「ものまね」が後に続きかねず、「知的財産」を完成させた者の創作意欲（創作に対するモチベーション）を削いでしまうこととなり、ひいては産業や文化の発達を阻害しかねない。反面、かといって、その「知的財産」を完成させた者に対する保護が永遠に続くものとすると、今度は第三者の創作意欲（創作に対するモチベーション）を削いでしまうこととなり、これもまた産業や文化の発達を阻害しかねない。そこで、**「知的財産」を完成させた者と第三者との調和を図る形で「知的財産権」という権利が生まれた。**

「知的財産権」の特徴としては、例えば、次の（a）～（d）の特徴を挙げることができる。

（a）絶対的あるいは相対的な「排他権」として認められる権利であること

（b）絶対的あるいは相対的な「独占権」として認められる権利であること

（c）商号権を除き、「日本国の地域ごとの権利」ではないこと

ただし、日本国における知的財産権は日本国に限られた権利であり、米国における知的財産権は米国に限られた権利であり、中国における知的財産権は中国に限られた権利であり、台湾における知的財産権は台湾に限られた権利である（属地主義の原則）。なお、例外的に、香港における知的財産権は香港に限られた権利であった（一国二制度）。

（d）知的財産権のほとんどが、「存続期間」すなわち「賞味期限」を有する権利であること

2　総合的な知的財産戦略の必要性

（1）知的財産戦略とは

知的財産戦略のイメージを図表2－1に示す。

知的財産権は、他者（他社）の参入障壁となり、武器ともなり得るのであるから、知的財産権を有するということはマーケットコントロールを可能とする。とはいえ、単発の知的財産権でもって競業（戦闘）に勝利するのは、なかなか難しいことであり、マーケットコントロールを実現するためには、強固な障壁や飛び道具（すなわち、基本特許、基幹ブランド）、地雷（すなわち、改良特許やサブブランド）」といった知的財産権を備える必要が、遅かれ早かれ生ずる。

また、知的財産戦略とともに、的確な判断能力を具備する司令塔（経営陣）の存在、戦闘力の高い地上部隊（営業部門・開発部門・サーチ部門・知的財産部門）の具備、同盟国（アライアンス企業・ライ

図表 2-1　知的財産戦略のイメージ

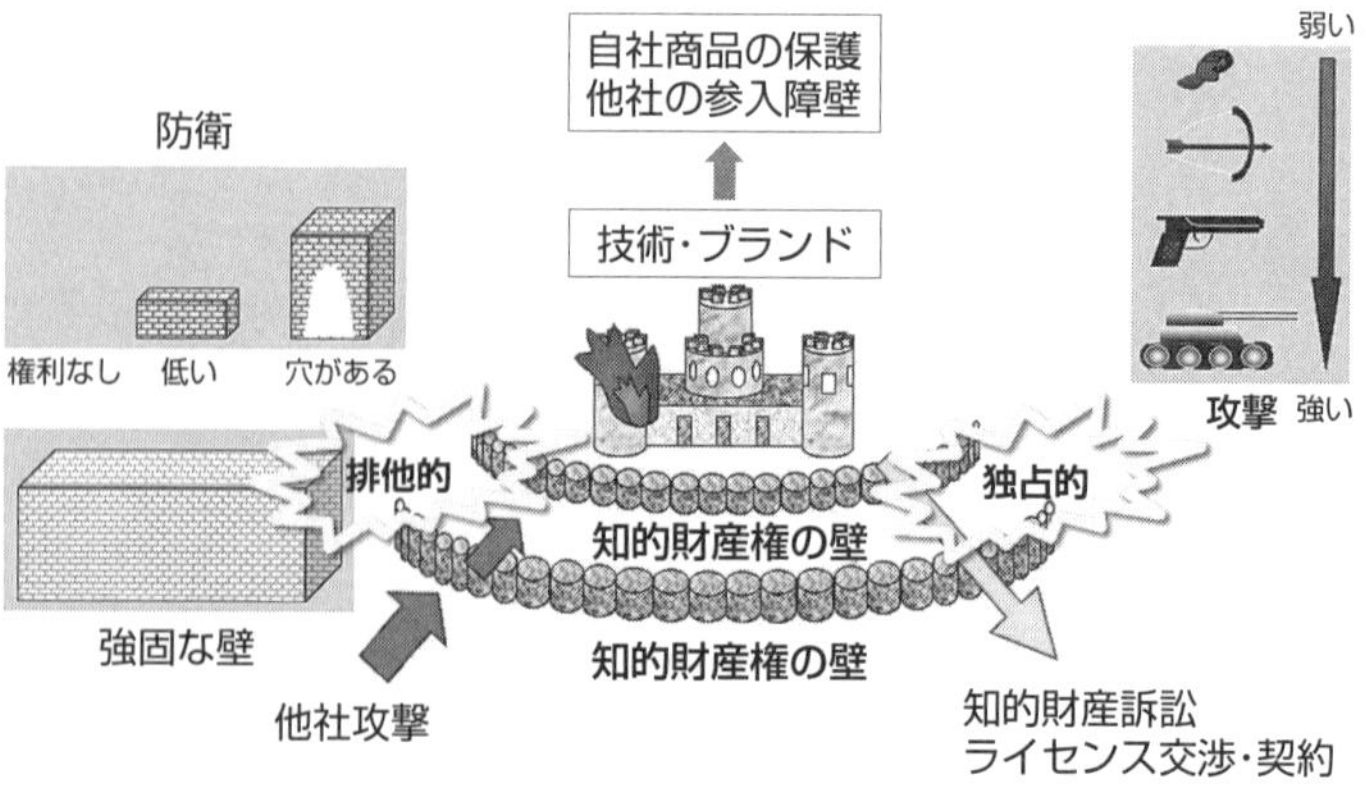

センサー・ライセンシー）の存在など、総合的な戦闘体制（権利取得・組織）を構築することも、マーケットコントロールの実現のためには重要なことである。すなわち、知的財産戦略は、様々な要素（企業規模、売上、当期利益、所有する知的財産、先行技術、アライアンス企業、競業他者の規模など）の影響を受けることから、自身（自社）のビジネスモデルに鑑みて、ブレのない知的財産戦略を確立する必要がある。

(2) 知的財産戦略においてスタートアップが留意すべき点

一方、スタートアップ（ベンチャー）にとって、多種多様な知的財産権を取得することは、資金面からして困難な場合が多い。そのような場合は、先行技術調査を踏まえた上で、たとえ単発であっても事業を包含する「コア」な知的財産権のみの取得を目指し、そのような知的財産権に基づいたマーケットコントロールに挑むべきである。**それゆえ、スタートアップにおいては、例えば「防衛特許」という概念はあり得ない。それに、「防衛特許」を考えるくらいであれば、可能な範囲においてインパクトファクターの高い英文学術誌にアクセプトされる方が、よほど効果的である。**

『単発でも事業を包含する「コア」な知的財産権』を障壁ないし武器として売上を上げ、そしてまた新たな投資をして必要な知的財産権を獲得するということを繰り返し、知的財産権のポートフォリオを構築していくというプロセスこそ、スタートアップがマーケットコントロールを獲得するプロセスそのものなのである。事業化プロセスと知的財産戦略との関係に関するモデルを図表2－2に示す。

図表 2- 2　事業化プロセスと知的財産戦略との関係

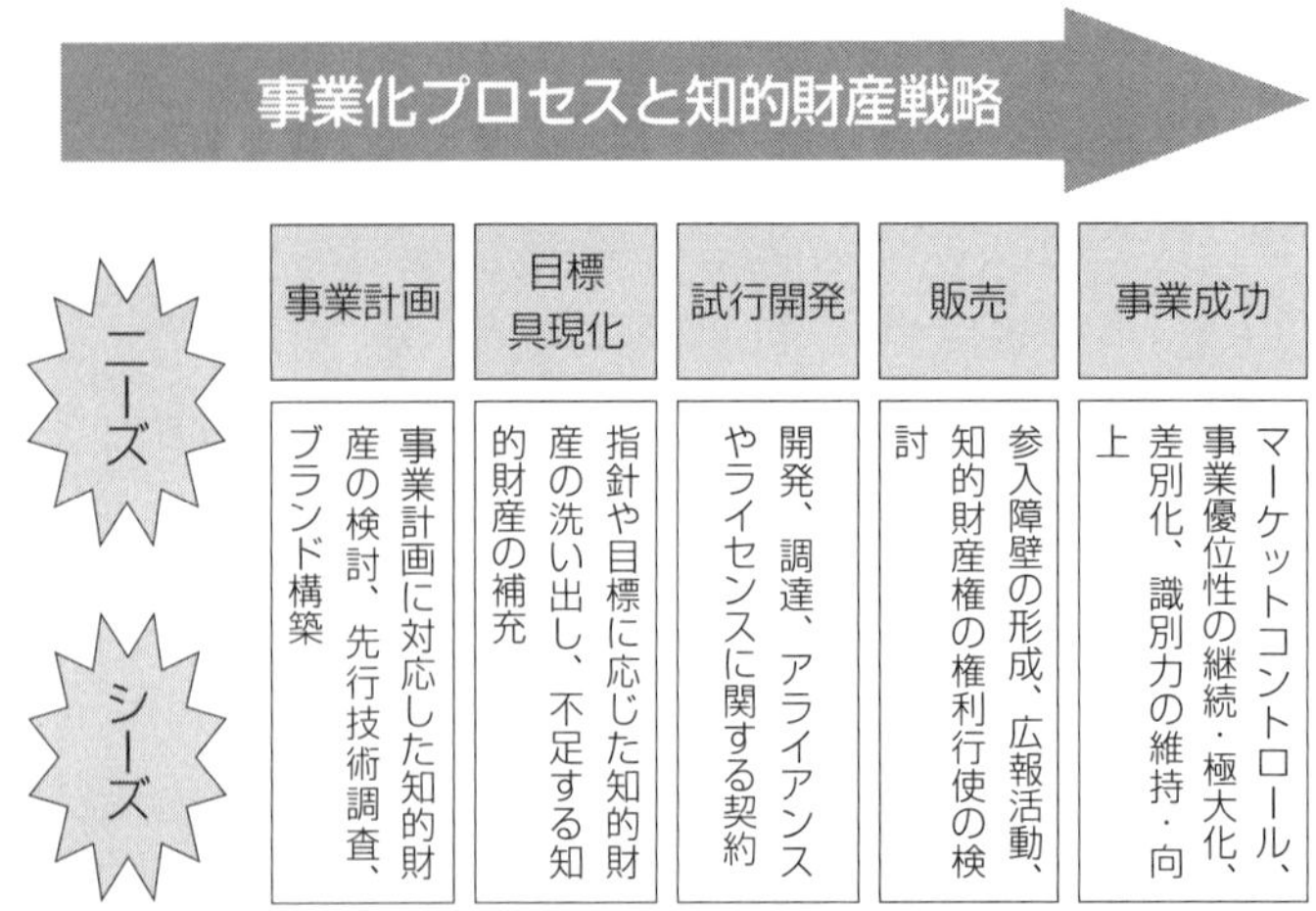

ニーズとシーズを糧にしたスタートアップは、まず、事業計画策定のステップにおいて、①事業計画に対応した知的財産の検討や先行技術調査、ブランド構築を行い、②目標を具現化するステップにおいて、指針や目標に応じた知的財産の洗い出しと不足する知的財産の補充を行い、③試行や開発のステップにおいて、開発や、調達、アライアンス・ライセンスに関する契約を行い、最後に③販売のステップにおいて、参入障壁の形成や広報活動、知的財産権の権利行使の検討を行う。そうして事業が成功した折には、マーケットコントロールや事業優位性の継続・極大化、差別化・識別力の維持・向上についての強化が可能となる。

(3) ベンチャーの知的財産戦略の事例

ここで、ペプチドリーム社の例を見てみよう。

ペプチドリーム社は、非標準のペプチド（特殊ペプチド）治療薬の発見と開発を目的とした、東京大学発のバイオベンチャー企業（東証1部上場企業）である。特殊ペプチドの販売先である製薬会社とのアライアンス構築に最大の特徴があり、単に特殊ペプチドを合成して製薬会社へ販売するのではなく、契約時に一時金（イニシャルフィー）が、開発の進捗により創薬開発権利金や目標達成報奨金など（マイルストーンフィー）が、製品の上市とともに売上ロイヤルティ（ランニングフィー）が、それぞれ発生する内容の共同研究開発契約を製薬会社と締結している。すなわち、**「ペプチドの製造販売」ではなく「共同開発」というスタンスをとるという点にビジネス上の特徴**を有している。

２０１７年におけるペプチドリーム社の特許ポートフォリオを図表2−3に示す。

図表2−3中、「基本」とあるのは、特殊ペプチド合成に関する、いわゆる自前の基本特許を意味しており、「買い取り」とあるのは、基本特許を補うために他者から買い取った特許（特許出願・特許権）を意味し、「改良」とあるのは、特殊ペプチド合成に関する新たな特許（いわゆる改良特許）を意味している。すなわち、ペプチドリーム社が創業されるにあたり、リサーチがされた結果、東京大学や自社で発明されて出願・登録した特許だけでは足りず、ニューヨーク州立大学の有する特許が必要であると判断され、それら特許がニューヨーク州立大学から買い取られ、さらに改良特許が加えられて特許ポートフォリオが形成されているのである。これは、**特許ポートフォリオの構築のお手本となる事例**であろう。

図表 2-3　2017 年におけるペプチドリーム社の特許ポートフォリオ

＜ペプチドリーム社の特許ポートフォリオ＞　※ 2017 年現在

発明の名称	出願人	出願国	出願・特許番号	
① Catalytic RNAs with Aminoacylation Activity	ニューヨーク州立大学	米国（登録） カナダ(登録) 欧州（登録） 日本（登録）	US Patent 7,001,723 B1 CA Patent 2391433 EP Patent 1232285 B1 特許第 4745577 号	買い取り
② Ribozymes with Broad tRNA Aminoacylation Activity	ニューヨーク州立大学	米国（登録） カナダ(登録) 欧州（登録） 日本（登録）	US Patent 7, 622, 248 B2 CA Patent 2476425 EP Patent 1483282 B1 特許第 4464684 号	買い取り
③多目的アシル化触媒とその用途	国立大学法人東京大学	米国（登録） 欧州（登録） 日本（登録）	US Patent 8, 188, 260 B2 EP Patent 1964916 特許第 5119444 号	基本
④ N 末端に非天然骨格をもつポリペプチドの翻訳合成とその応用	国立大学法人東京大学	米国（登録） 欧州（登録） 日本（登録）	US Patent 8, 557, 542 B2 EP Patent 2088202 特許第 5200241 号	基本
⑤環状ペプチド化合物の合成方法	国立大学法人東京大学	米国（登録） 欧州（登録） 日本（登録）	US Patent 9, 090, 668 B2 EP Patent 2141175 B1 特許第 5605602 号	改良
⑥ペプチド翻訳合成における RAPID ディスプレイ法	当社	米国(出願中) 欧州（登録） 日本（登録）	US 13/502, 487 EP Patent 2492344 特許第 517491 号	基本
⑦新規人工翻訳合成系 (FIT システム)	国立大学法人東京大学	米国(出願中) 欧州(出願中) 日本（登録） 中国（登録）	US 13/816911 EP 11820026 特許第 5725467 号 CA Patent 201180052318, 9	改良

3　知的財産権の体系

知的財産権は、**「知的創作物についての権利」**と**「営業標識についての権利」**に大別される。

「知的創作物についての権利」とは、概ね、創作の代償として認められる権利である。創作の代償として認められる権利であることから、原則として、新しさ（新規性）や創作性（進歩性、創作非容易性）、先行性（先願性、先創作性）などが要求される権利であるといってよい。

一方、**「営業標識についての権利」**とは、概ね、その営業標識に蓄積された「業務上の信用」を保護する権利であるといえ、営業標識自体が「選択物」であることから、新しさ（新規性）や創作性（進歩性、創作非容易性）は要求されないものの、先行性（先願性、先使用性、信用性）や需要者に対する非混同性などが要求される権

図表 2-4　知的財産権の体系

- 知的財産権
  - 知的創作物についての権利
    - 特許権（特許法）
    - 実用新案権（実用新案法）
    - 意匠権（意匠法）
    - 著作権（著作権法）
    - 回路配置利用権（半導体集積回路の回路配置に関する法律）
    - 植物品種の育成者権（種苗法）
    - 営業秘密（不正競争防止法）
    - 和牛遺伝資源流通管理（家畜遺伝資源に係る不正競争の防止に関する法律）
  - 営業標識についての権利
    - 商標権（商標法）
    - 商号権（商法）
    - 周知著名商標・原産地表示偽装など（不正競争防止法）
    - 地理的表示（地理的表示法）

利である。

以上を踏まえ、我が国の知的財産権の体系を図表2－4に示す。

図表2－4に示された知的財産権のうち、特許権、実用新案権、意匠権及び商標権は**特許庁**の所管であり、回路配置利用権及び不正競争防止法に関するものは**経済産業省**の所管であり、著作権は**文化庁**の所管であり、育成者権、和牛遺伝子資源流通管理及び地理的表示は**農林水産省**の所管である。

4 イノベーションに関わる知的財産権

イノベーションに関わる知的財産権として挙げられるのが、特許権、実用新案権、意匠権、商標権、著作権、営業秘密である。以下、これら知的財産権等の概要を述べる。なお、特許権、実用新案権、意匠権及び商標権の登録要件や、優先権主張制度、早期審査制度といった各種制度の詳細については、ここでは割愛させて頂く。

(1) 特許権

保護対象である「発明」という「概念」に対して、特許庁が付与する権利であり、特許法において、発明とは、技術的思想を利用した創作のうち高度のものと定義されている。

特許権の存続期間は、原則、特許出願の日から20年であり、医薬または農薬に関する特許権については、所定の要件を満たすことを前提として、最大で5年の延長が可能である。また、登録から4年目以降は、毎年、その年に応じた額の特許料を納付することが権利存続の条件となる。

そして、発明の保護を目的とする特許権は独占排他的な権利であるため、第三者による新たな発明への利用を図ることを目的とした「出願公開制度」が採用されている。すなわち、特許出願をすれば、その1年6ヵ月経過後にその特許出願の内容が「自動的に公開」され、第三者の利用に資することとなる。

特許権を取得するためには、我が国の場合、単に特許出願をすればよいのではなく、特許出願の日から3年以内に「出願審査請求」を行って、特許庁に対し審査を受ける意思を表明する必要がある。この出願審査請求に際しては、中小企業などを対象にして、一定の要件の下、審査請求料減免制度や早期審査制度が設けられている。

また、特許出願した発明について特許が付与されるためには、新規性、進歩性、先願性、実施可能要件、明確性などの特許要件を具備する必要があり、当該特許要件を具備しない発明に係る特許出願については拒絶される。ただし、拒絶された場合でも、拒絶査定不服審判請求などの不服を申し立てる機会が与えられている。

特許出願後の手続の概要を図表2−5に示す。

図表 2-5　特許出願後の手続の概要

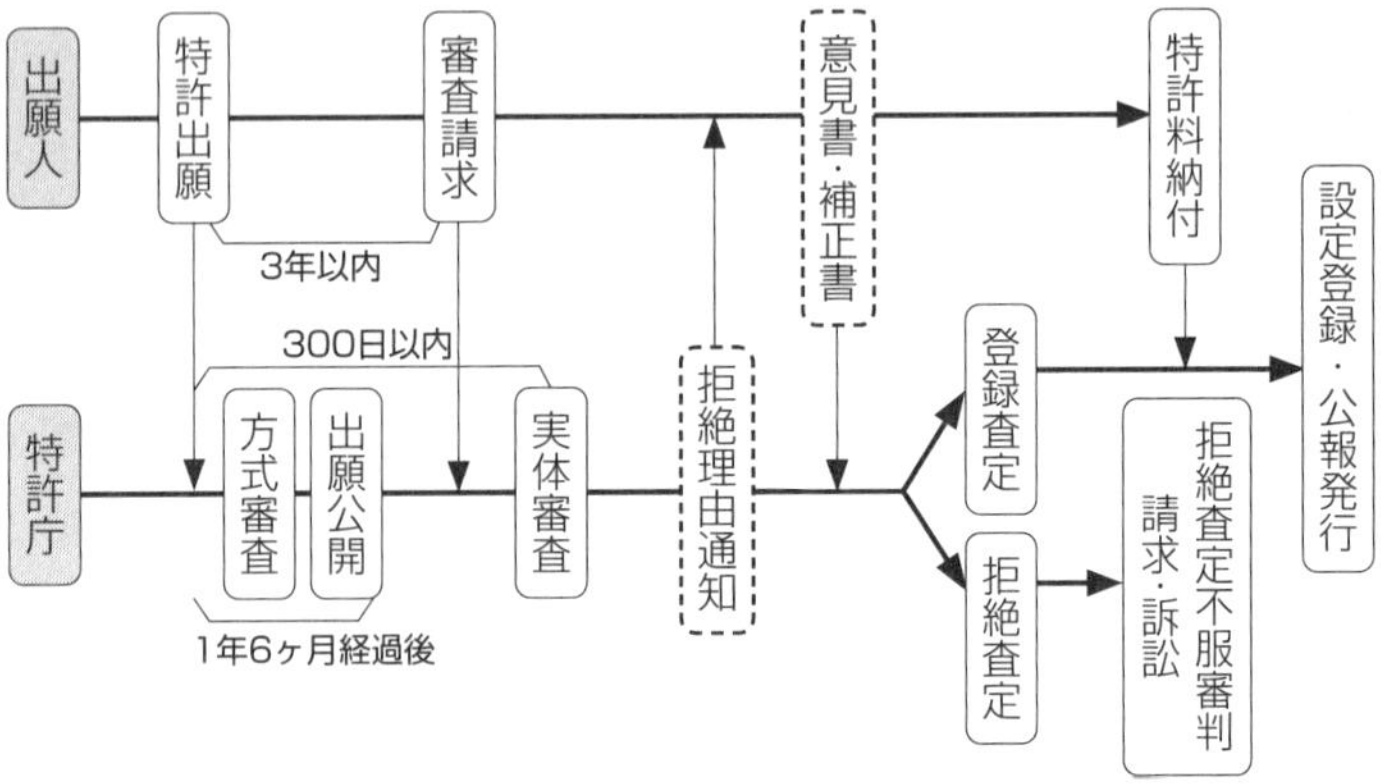

(2) 実用新案権

「考案」という概念のうちの、「形状、構造、組み合わせにより特定することができる考案」が保護対象であり、これに対して特許庁が付与する権利である。したがって、形状、構造、組み合わせにより特定することができない方法などに対しては、実用新案権は付与されない。なお、考案とは、技術的思想を利用した創作をいうと実用新案法において定義されている。

実用新案権の存続期間は実用新案登録出願の日から10年であり、登録から4年目以降は、毎年、それぞれの年に応じた額の登録料を納付することが権利存続の条件となる。

実用新案登録制度においては無審査主義が採用されており、特許要件と同様に、実用新案登録出願された考案については、新規性、進歩性、先願性、実施可能要件、明確性などの登録要件が課せられる。

図表 2-6　実用新案登録出願後の手続の概要

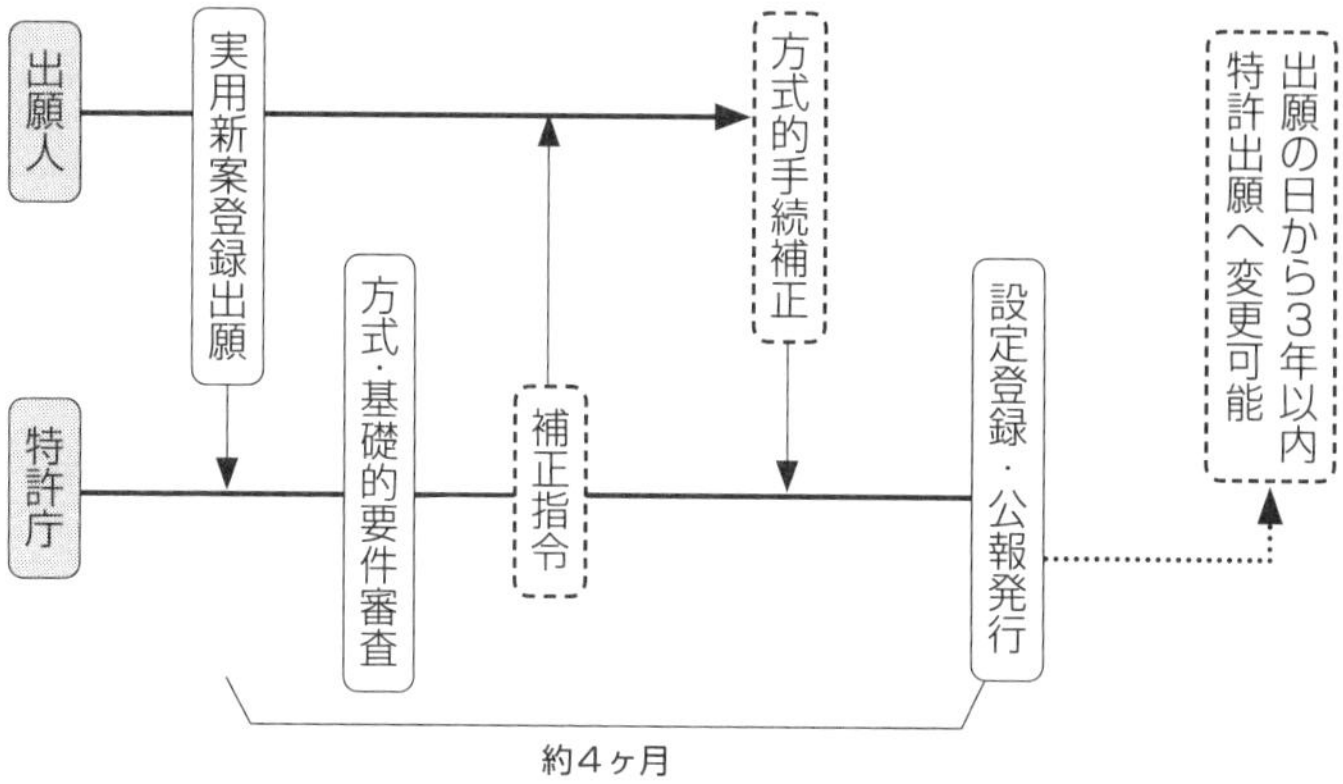

しかしながら、当該登録要件を具備するか否かの実体的な審査はされず、その考案に係る実用新案登録出願が単に手続的な要件を満たしさえすれば、登録されて実用新案権が付与される。

このように、**実体的審査がされずに登録されて実用新案権が付与される**ため、実用新案権の行使については第三者に不測の不利益を与えないよう、実用新案権者に注意義務を課すための要件が課されている。また、出願公開制度は採用されておらず、実用新案登録後に当該登録の内容が公開される。

私見であるが、実用新案権は、実用新案権者にとって実質的には「使えない権利」であると考えている。なぜならば、権利行使の際に「実用新案技術評価書」を提示しなければならないため、権利行使をする場合は特許庁へ実用新案技術評価書を請求することになる。これが特許出願における「審査」の役割を果たすことになるのであるが、我が国では、特許出願における進歩性の審査と同レベルの進歩性が要求されてしまい、実用新案技術評価書の内容が否定的になりがちであり、また、当該否定的な内容の場合に、これを肯定的な内容とするための実用新案権者が取り得る手段が限られているからである。

一方、中国や東南アジア諸国の実用新案制度では、進歩性の具備が要求されないか、進歩性の具備が要求される場合でも限定的である。**そのため、日本とは異なり、実用新案権者にとって当該実用新案権が「使える権利」となっている。**実用新案登録出願後の手続の概要を図表2−6に示す。

(3) 意匠権

「物品全体や物品の部分に係る形状、模様、色彩またはこれらの結合であって、外観上、視覚を通じて美感を起こさせるもの」である「意匠」が保護対象であり、これに対して特許庁が付与する権利である。したがって、**発明や考案のような概念とは異なり、意匠は「視覚で捉えることができる」ものであるため、その権利である意匠権の効力は、同一のみならず類似の範囲まで及ぶ。**なお、その類似範囲が他の意匠権の類似範囲と重複する場合は、先願の意匠権の効力が優先される。

意匠権の存続期間は意匠登録出願の日から25年であり、登録の翌年以降は、毎年、その年に応じた額の登録料を納付することが権利存続の条件となる。意匠登録制度においては、出願審査請求制度は採用されておらず、意匠登録出願をすれば自ずと審査がなされる。意匠登録出願に係る意匠が、工業上利用性、新規性、創作非容易性、先願性などの登録要件を具備することにより登録されて、

図表 2-7　意匠登録出願後の手続の概要

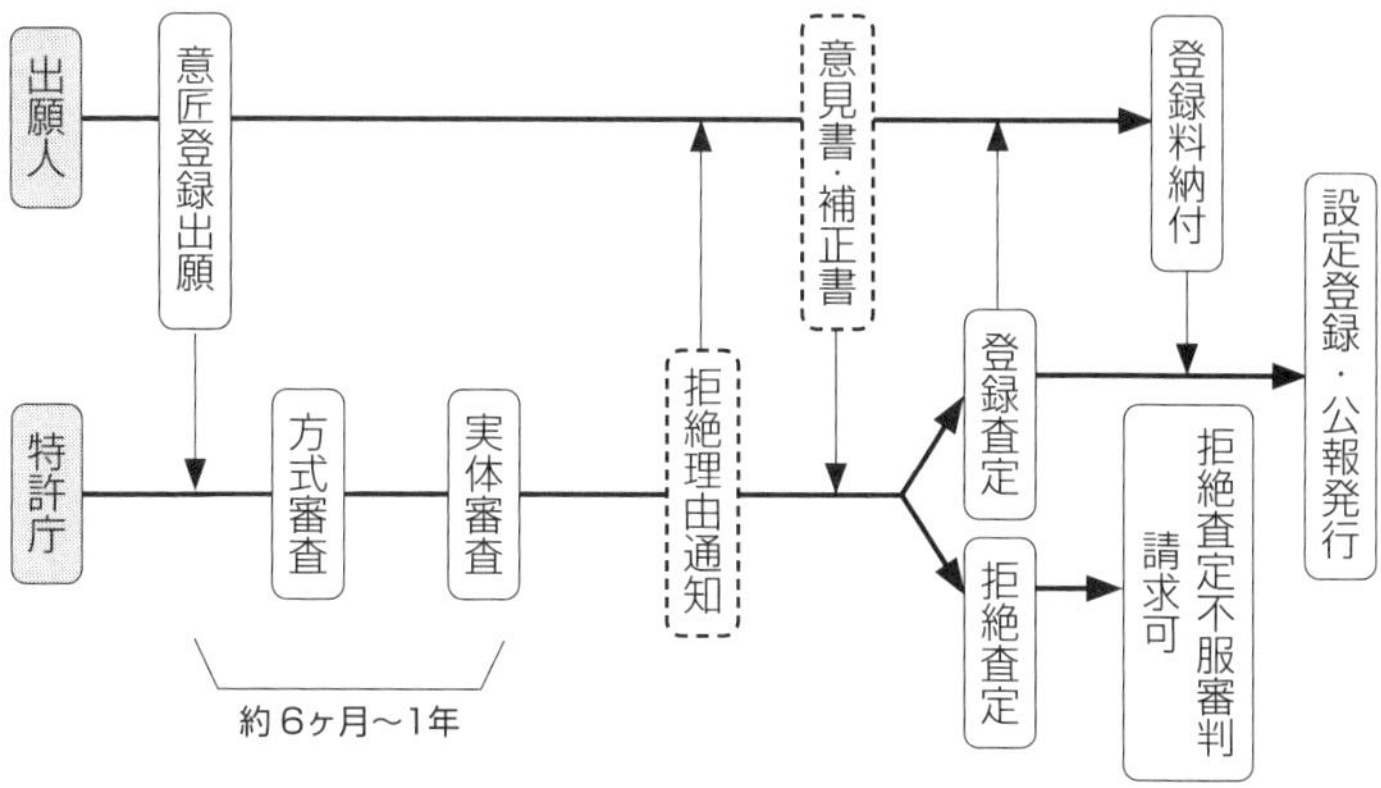

意匠権が付与される。

また、当該登録要件を具備しない意匠に係る意匠登録出願については拒絶され、当該拒絶された場合に拒絶査定不服審判請求などの不服を申し立てる機会が与えられているのは、特許出願の場合と同様であるが、登録を受けることができて意匠権が付与されない限り、その意匠登録出願の内容は公開されない。

実務上、意匠登録を受けようとする場合の対象となる意匠は形状に係る意匠であることが多く、また、特許を受けることができる可能性と比較すると、先行意匠の数が多いとはいえない物品も多く、意匠登録を受けることができる可能性は高いと見受けられる。しかしながら、新規性や創作非容易性を具備しないとして拒絶理由通知書が発せられた場合は、当該拒絶理由を解消させることは、さほど簡単ではない。

意匠登録出願後の手続の概要を図表２－７に示す。

（4）商標権

直接的には文字や図形、立体、動き、位置、音、色彩、ホログラムからなる「商標」が保護の対象であるものの、間接的にはその商標に化体（蓄積）した「業務上の信用」が保護の対象であり、特許庁が付与する権利である。3「知的財産の体系」において説明した通り、商標権は営業標識についての権利であり、たとえ商標自体が案出されたものであっても、「選択されたもの」とされることから、**新しさ（新規性）や創作性（進歩性、創作非容易性）は要求されない**という点が、発明や考案、意匠とは異なる。なお、例えば、図形商標に係る「図形」については、「創作」されたものであれば別途「著作権」が発生することとなる。

また、商標権は、単に商標について付与されるのではなく、その商標を使用している、または使用する意思のある商品や役務（サービス）において付与される。したがって商標登録出願を行う場合は、登録を受けたい商標についてのみならず、商品や役務を指定して行う必要がある。商標権も意匠権と同様に、その効力は類似範囲にまで及ぶ。すなわち、商標権の効力は、同一の指定商品・指定役務についての同一の商標に及ぶ他、類似の指定商品・指定役務についての同一の商標と、類似の指定商品・指定役務についての類似の商標に及ぶこととなる。

ただし、意匠権の効力とは異なり、商標権の場合は、**同一の範囲については、商標権者は積極的に使用することができるとともに、第三者による使用を排除することができる（専用権）が、類似範囲については、商標権者といえども積極的に使用することができず、第三者による使用を排除するこ**

とができるにとどまる（禁止権）。もし、意匠権と同様に、第三者の商標権の類似範囲と重複する場合において、その類似範囲について先願たる商標権者が積極的に使用できるとすれば、需要者が他人の登録商標と混同を生じ得ることとなり、需要者の利益を保護するという法目的にもとることになりかねないためである。

なお、類似範囲について商標権者が「積極的に使用することができない」ということであるから、第三者の商標権の類似範囲と重複していない場合は事実上の使用が可能である。ただしその場合でも、他人の登録商標と混同を生じさせた場合には、商標登録が取り消される場合がある。

商標権の存続期間は商標登録の日から10年であるが、**特許権、実用新案権及び意匠権とは異なり更新が認められている**。商標登録制度が、創作を保護対象とするのではなく、その商標に化体した業務上の信用を保護対象としている所以である。

また、商標登録制度においては、出願審査請求制度は採用されておらず、商標登録出願をすれば自ずと審査がなされ、商標登録出願に係る商標が識別性や不登録事由非該当性、先願性などの登録要件を具備することにより、登録され商標権が付与される。なお、当該登録要件を具備しない商標に係る商標登録出願については拒絶され、当該拒絶された場合に拒絶査定不服審判請求などの不服を申し立てる機会が与えられているのは、特許出願の場合や意匠登録出願の場合と同様であるが、商標登録出願の場合はその出願がされてからしばらくするとその内容が公開されるという点で異なっている。

図表 2-8　商標登録出願後の手続の概要

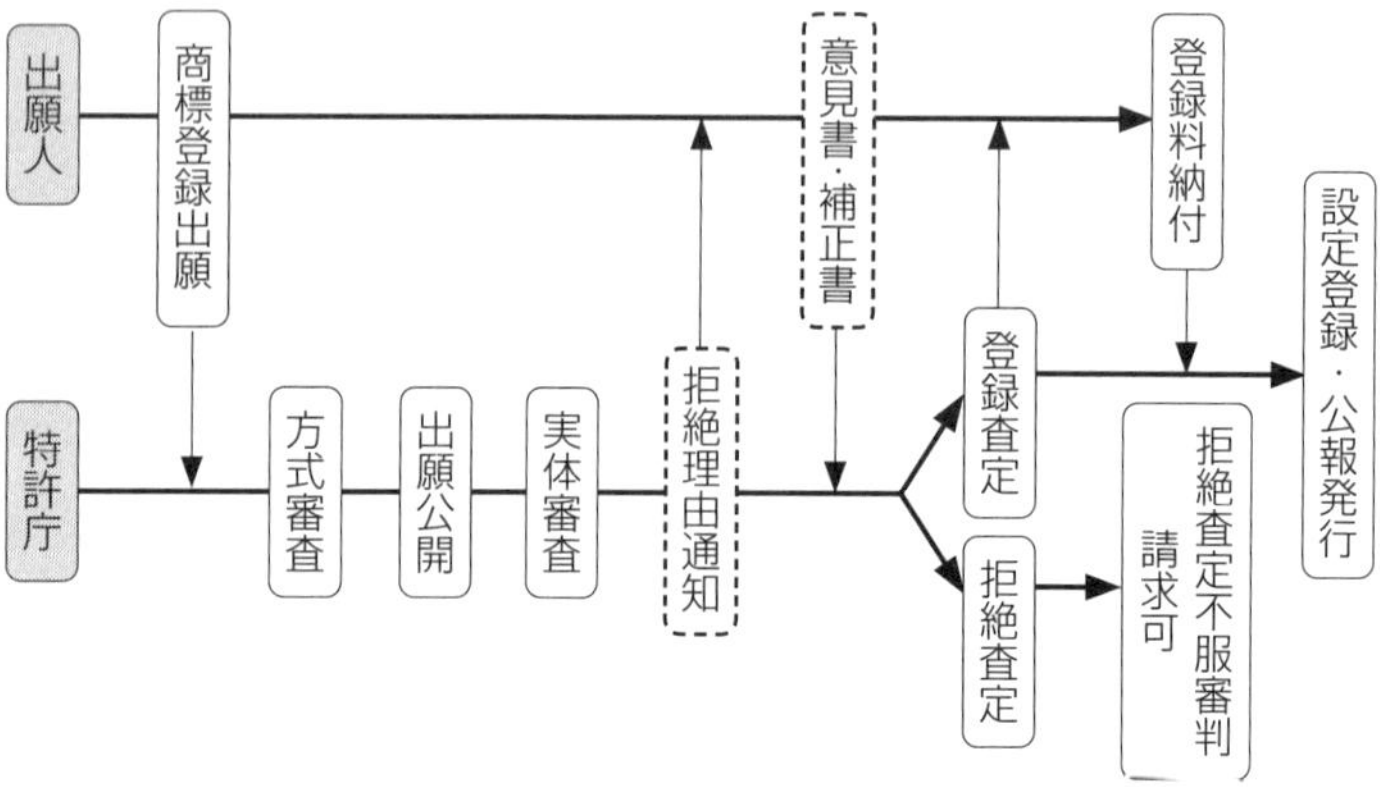

特に立体商標や色彩商標については、間接的に、既に知られていること（周知・著名性）が登録を受けることの前提となっている。登録を受けることの前提として高度な識別性が要求されるためである。商標登録出願後の手続の概要を図表2－8に示す。

(5) 著作権

一般に、著作権という場合は「広義の著作権」をいうものと解され、「狭義」には著作権（著作財産権）、著作者人格権、著作隣接権がある。ここでは、狭義の著作権と著作者人格権について述べる。

著作権（著作財産権）及び著作者人格権の対象は著作物である。著作物とは、著作権法において「思想又は感情を創作的に表現したものであって、文芸、学術、美術又は音楽の範囲に属するもの」と定義され、例えば、言語、音楽、絵画、建築物、図面、表、図形、映画、写真、コンピュータプログラムなどを挙げることがで

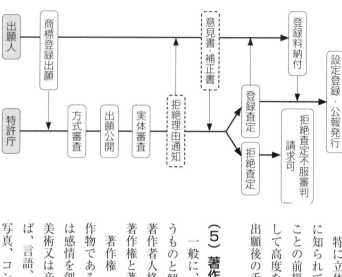

きる。また、技術的創作でもあるコンピュータプログラムが著作物の対象とされていることが特徴である。したがって、**コンピュータプログラムは、発明として特許権が付与され得るとともに、著作物として著作者に著作権が発生し得る。**

著作権及び著作者人格権は、特許権などとは異なり、著作物が創作されたその時点で著作者に「自動的に」発生する。すなわち、著作権及び著作者人格権の発生については、何ら方式をとらない「無方式主義」が採用されている。そのため、特許権などとは異なり、実名や第一発行年月日、公表年月日などについての登録制度は設けられているものの、著作権及び著作者人格権の発生については登録制度が設けられておらず、公示手段がないことから、偶然に既にある著作物と同一・類似の著作物が創作された場合には、その著作物の著作者にも著作権及び著作者人格権が発生することになる。

裏を返せば、偶然に、既にある著作物と同一・類似の著作物が創作された場合には、たとえ既にある著作物と同一・類似の著作物であっても、その既にある著作物に係る著作権や著作者人格権を侵害することにはならないこととなる。すなわち、既にある著作物に係る著作権や著作者人格権についての侵害が成立するためには、その既にある著作物と同一・類似であるだけでは足りず、その既にある著作物に依拠していることも要件となる。

ここで、**著作権**と**著作者人格権**の違いについて補足する。

著作権とは、上述の通り著作財産権とも呼ばれ、譲渡可能な「**財産権**」である。また、特許権などとは異なり、様々な権利を含む権利であることから、「**支分権**」とも呼ばれている。著作権に含まれる権利として、著作権法には、複製権、上演権及び演奏権、上映権、公衆送信権及び送信可能化権、口述権、展示権、頒布権、譲渡権、貸与権、翻訳権などの翻案権、ならびに二次的著作物の利用に関する原著作者の権利が挙げられているが、これらは例示に過ぎず、例えばテレビ局などでは、実務上、商品化権が登場している。

一方、**著作者人格権**とは、譲渡することができない「**一身専属性**」の権利であり、公表権、氏名表示権、同一性保持権、名誉声望保持権及び出版権廃絶請求権・修正増減請求権が含まれる。実務上重要となるのは、公表権、氏名表示権、同一性保持権であり、特に同一性保持権が重要となる。保護期間は、著作物の性格により異なるが、著作者の死後70年を経過するまで、その著作物の公表後70年を経過するまで、その著作物の創作後70年を経過するまで、のいずれかであり、いずれの場合も長期間である上に、保護期間は延長される傾向にある。

著作権及び著作者人格権の事案として最も注意をすべきであるのは、「外注」の場合である。ホームページやパッケージデザイン、ロゴマークなどの制作を外注した場合の著作者は、発注者ではなく受注者なのであるから、それら**ホームページやパッケージデザイン、ロゴマークなどについての著作権及び著作者人格権は、発注者ではなく受注者に発生するということに、特に留意しなければならない。**

以前、著者がこのことを発信した時に、大手のベンチャーキャピタルの幹部から、「勘違いをしていた。危うく投資案件で問題を起こすところであった。」と謝意を受けたことがある。知的財産権に精通している者であっても勘違いをしてしまう事項なのである。したがって、外注の際には、発注者はあらかじめ、「著作権を譲受するとともに著作者人格権を行使しない」といった内容の契約を、受注者と締結しておくべきであることに留意されたい。

(6) 営業秘密

営業秘密は、不正競争防止法において保護されており、一般にいわれている「ノウハウ」とは異なり、秘密として管理されている（秘密管理性）生産方法、販売方法その他の事業活動に有用な（有用性）技術上または営業上の情報であって、公然と知られていないもの（非公知性）をいう。営業秘密に該当するか否かは裁判所が判断することとなる。

営業秘密の要件である秘密管理性、有用性及び非公知性のうち、最も争われるのが秘密管理性についてである。例えば、退職者が顧客情報を持ち出した場合において、顧客情報が有用性と非公知性を具備することは珍しくないが、その顧客情報の基となる顧客名簿が、社員なら誰でも閲覧可能な社内の書棚に並んでいるといった場合には、当該顧客情報は秘密管理性を具備しないこととなり、当該顧客情報は営業秘密に該当せず、不正競争防止法による保護を受けることはできない。

一方、秘密管理性、有用性及び非公知性を具備する技術上または営業上の情報である限り、当該情報は営業秘密なのであるから、営業秘密に該当しなくなるまでの間は不正競争防止法による保護を受けることができることになる。コカ・コーラ社のコカ・コーラの製造方法がこのようなケースに該当するといわれている。

5 「使える」知的財産権

知的財産権は、取得すれば使い物になるというものではない。では、どのような知的財産権が「使える」のかを、特許権、意匠権、商標権を例に述べる。

(1) 特許権は「範囲」が重要

特許権は、実は、取得しようと思えばそれほど難しくなく取得できるものである。なぜならば、**「範囲」の広い特許権を取得することは大変であるが、範囲を狭くすればするほど特許権の取得が容易になるから**である。具体的な想定事例を挙げて見てみよう。

①シナリオ：製剤

今、A氏は、いずれも公知の化合物である、a、b、c、d、eを組み合わせた組成物により、Xという疾病を治療することができることを見いだしたとしよう。その時、A氏は気付かなかったのだが、実際には化合物aの薬効が疾病Xの治療に大きく貢献しており、さらには化合物aとbを組み合わせることにより、化合物aのみの場合の薬効と比較して、予想を超えた薬効が得られるとする。

いずれも公知の化合物であるa、b、c、d、eを組み合わせた組成物により、Xという疾病を治療することができることを見いだしたA氏は、特許の取得をしたいと考え、弁理士Bへ相談した。A氏の相談を受けた弁理士Bは、A氏からの相談の内容をそっくりそのまま受け止め、「a、b、c、d、eを有効成分とするX治療用医薬組成物（発明α）」について特許出願をした（図表2－9）。

発明αは、公知の化合物とはいえ、化合物a、b、c、d、eという5つの化合物を構成要件とし、これらを組み合わせた組成物が疾病Xの治療に用いることができるという発明である。したがって、発明αは先行技術から遠くかけ離れており、新規性及び進歩性を十

図表 2-9　医薬組成物

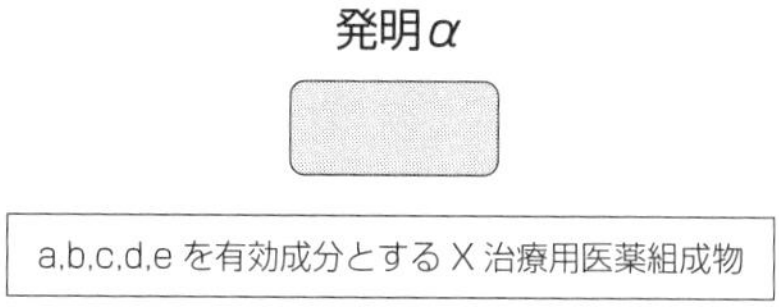

図表 2-10　構成要件が多い発明①

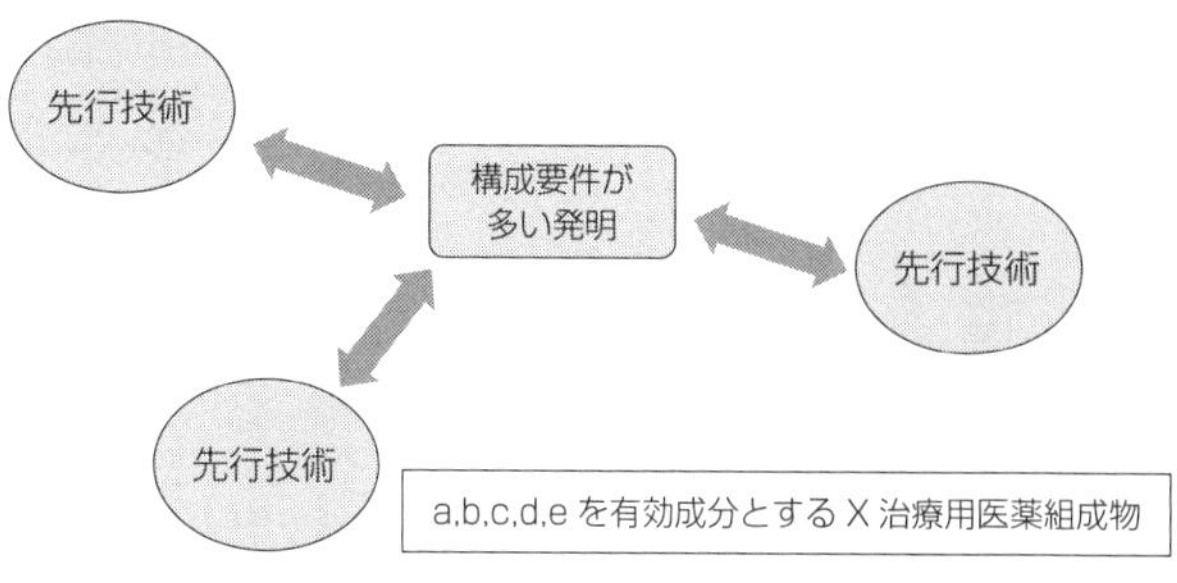

分具備するから、A氏は発明αについて拒絶理由通知が発せられることなく特許権を取得することができた。

発明αについて特許権を取得できたA氏は「**a、b、c、d、eを有効成分とするX治療用剤**」を発売し、「a、b、c、d、eを有効成分とするX治療用剤」はヒット商品となった。それを見ていた製薬会社L、M、Nは、A氏の発明αに係る特許権の内容を詳細に検討した。

すると、製薬会社Lは、「化合物d、eを含めなくとも、A氏の商品であるX治療用剤と比較して若干落ちるものの、疾病Xの治療についての十分な薬効が得られる」ということに気付き、「**a、b、cを有効成分とするX治療用剤**」を製造し、安価で発売した。

また、製薬会社Mは、「化合物eを含めなくとも、A氏の商品であるX治療用剤と比較して、疾病Xの治療についての十分な薬効が得られる」ということに気付き、「**a、b、c、dを有効成分とするX治療用剤**」を製造し、安価で発売した。

さらに、製薬会社Nは、「化合物dを含めなくとも、A氏の商品であるX治療用剤と比較して、疾病Xの治療についてほとんど変わらない薬効が得られる」ということに気付き、「**a、b、c、eを有効成分とするX治療用剤**」を製造し、安価で発売した。

その結果、A氏の商品であるX治療用剤の売上は激減した。

そこでA氏は、製薬会社L、M、Nに対して特許権を行使できないかどうかについて、弁理士Bへ相談した。すると、弁理士Bの回答は、「Aさんの特許権に係る発明αは、『a、b、c、d、e

を有効成分とするX治療用医薬組成物』に係る発明ですので、『a、b、c、d、eを全て含んだX治療用医薬組成物やX治療剤』を製造販売する行為が、Aさんの特許権を侵害する行為になります。製薬会社L，M，Nは『a、b、c、d、eを全て含んだX治療用医薬組成物やX治療剤』を製造販売していませんので、残念ながら製薬会社L，M，Nによる各々のX治療剤についての製造販売行為は、いずれもAさんの特許権を侵害しないということになります。」との「つれない」返答であった（図表2－11）。

製薬業界において、このようなことが現実となるということは想定し難く、あくまでもフィクションだが、もし、あなたがA氏のようなことになれば、「二度と特許権なんて取得しようとするものか。」などとあなたに思われても仕方がないことである。

この想定事例における最大の問題は特許出願時における「詰めの甘さ」である。

図表 2-11　構成要件が多い発明②

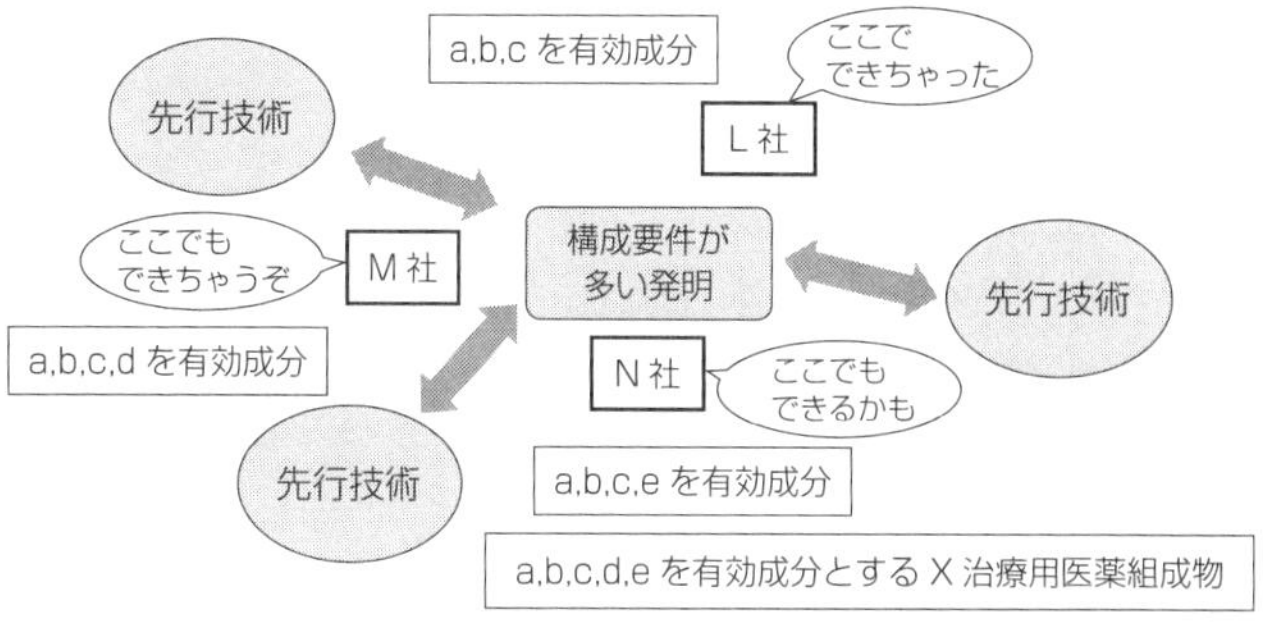

もし、A氏が、化合物a、b、c、d、eのそれぞれの組み合わせについて、疾病Xに対する薬効の検討をしていたならば、あるいは、弁理士Bが、A氏の相談内容を鵜呑みにせず、ちゃんと**「クレームドラフティング」**をしていたならば、上述の通り**「化合物aのみでも、疾病Xの治療には有効である」との知見、**さらには**「化合物aとbとの組み合わせでも、疾病Xの治療には有効であるとともに、化合物aのみの場合の薬効と比較して、予想を超えた薬効が得られる」との知見**に至ったことであろう。

なお、**ここでいう「クレームドラフティング」とは、発明の構成要件を「事実レベルの最小要件」に絞り込む態様のクレームドラフティングをいい、図表2－12に示す。**

化合物a単体について、疾病Xの治療に

図表 2-12　構成要件が多い発明③

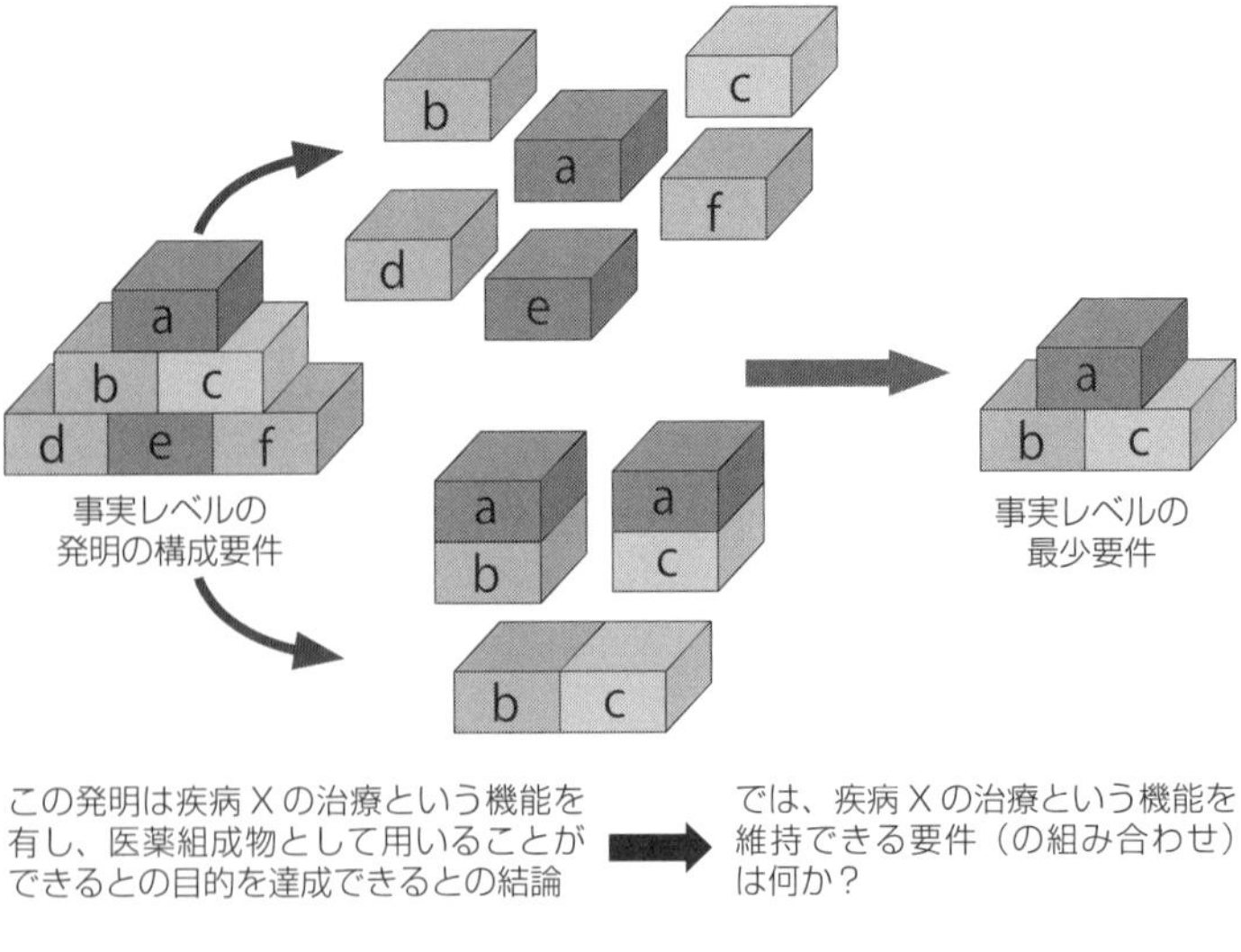

a
b
c
d
e
f
事実レベルの
発明の構成要件
事実レベルの
最少要件
この発明は疾病Xの治療という機能を有し、医薬組成物として用いることができるとの目的を達成できるとの結論
では、疾病Xの治療という機能を維持できる要件（の組み合わせ）は何か？

有効であるということを見いだし、「a」を有効成分とするX治療用医薬組成物（発明β）」について特許出願をした場合、化合物aが公知であるため、発明βについて新規性や進歩性が否定されるかもしれない（図表2－13）。

しかしながら、発明βについてはともかくとしても、化合物aとbとの組み合わせについて疾病Xの治療には有効であるとともに、化合物aのみの場合の薬効と比較して予想を超えた薬効が得られるのであれば、「a、bを有効成分とするX治療用医薬組成物（発明γ）」について特許出願をした場合、たとえ、化合物aとbがそれぞれ公知であるがゆえに、進歩性を否定する内容の拒絶理由通知が発せられても、反論が可能であって特許権を取得できる可能性は十分にある（図表2－14）。

もし、A氏が発明γについて特許権を取得することができたとするならば、発明γは「a、b」を有効成分とするX治療用医薬組成物」に係る発明であることから、「a、b」を含んだX治療用医薬組成物やX治療剤」を製造販売する行為はA氏の特許権を侵害する行為になる。

そうすると、製薬会社Lの製造販売する「a、b、c」を有効成分とするX治療用剤」も、製薬会社Mの製造販売する「a、b、c、d」を有効成分とするX治療用剤」も、そして、製薬会社Nの製造販売する「a、b、c、e」を有効成分とするX治療用剤」も、「a、b」を含んだX治療用医薬組成物やX治療剤」に該当するのであるから、製薬会社L，M，Nによる当該X治療剤の製造販売行為は、いずれも、A氏の特許権を侵害することになるのであり、A氏にとってその利益は計り知れないものとなるのである。

図表 2-13　構成要件が多い発明④

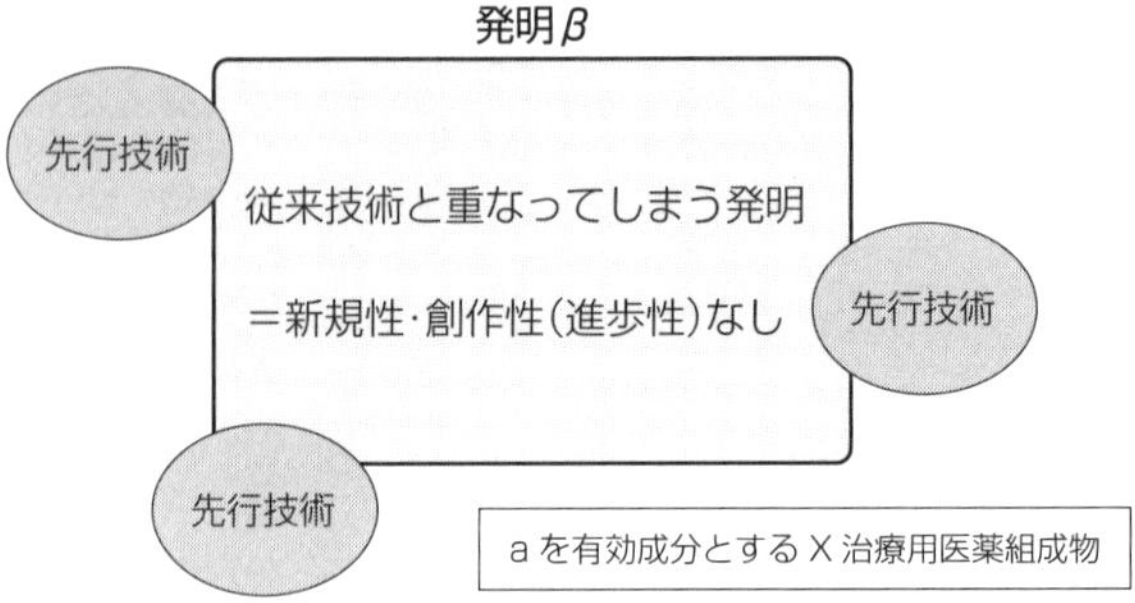

図表 2-14　構成要件が多い発明⑤

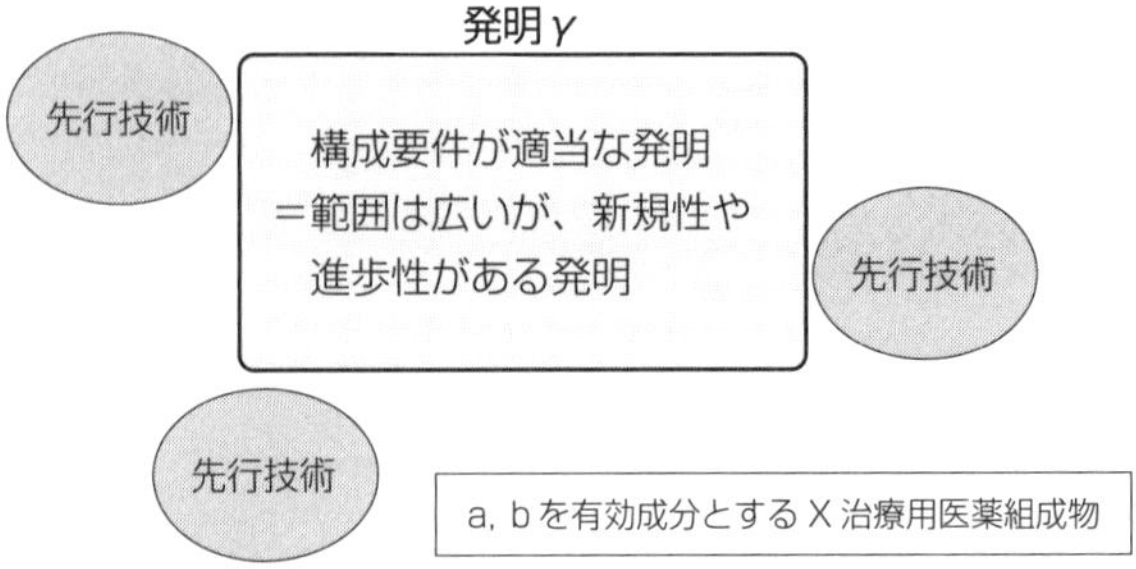

図表 2-15　構成要件が多い発明⑥

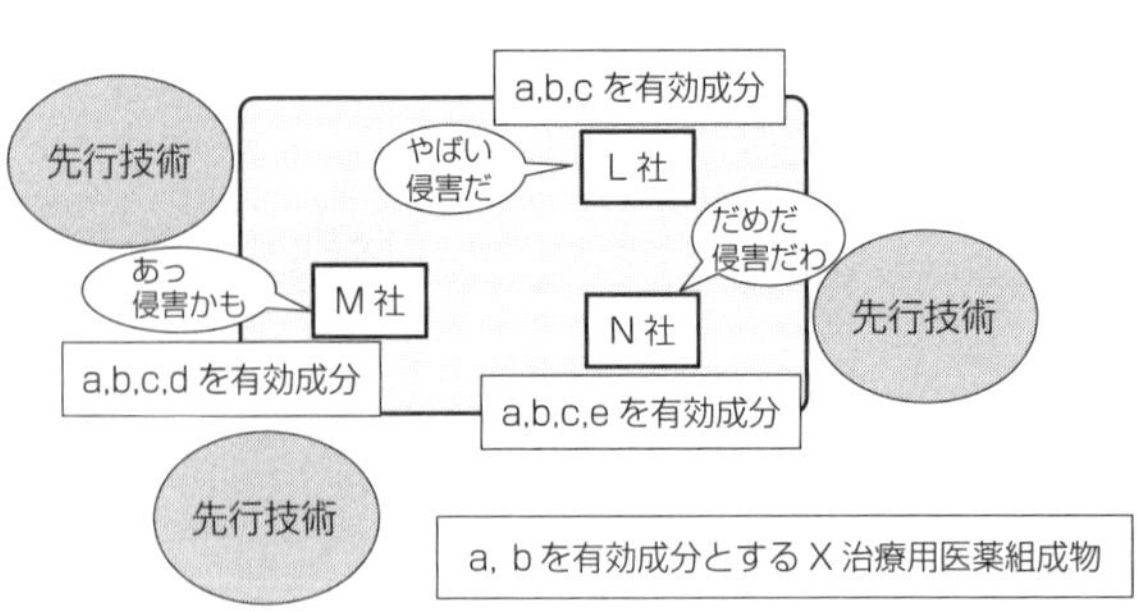

なお、「クレームドラフティング」には、図表2－12で示した発明の構成要件を事実レベルの最小要件に絞り込む態様のものの他に、上位概念化（共通化）する態様のものがあるので図表2－16に示す。

例えば、「塩化水素（塩酸）」を構成要件として含む発明についての特許出願であり、特許明細書には「塩化水素」についての記載やデータしかないという場合は、その「塩化水素」を構成要件として含む発明について特許権を取得できるかどうかということになるが、特許明細書には「塩化水素」のみならず、「硫酸」や「硝酸」についての記載やデータがある場合は、塩酸、硫酸、硝酸に共通する「強酸」という概念化が可能であるから、より範囲の広い、「強酸」を構成要件として含む発明について特

図表 2-16　構成要件が多い発明⑦

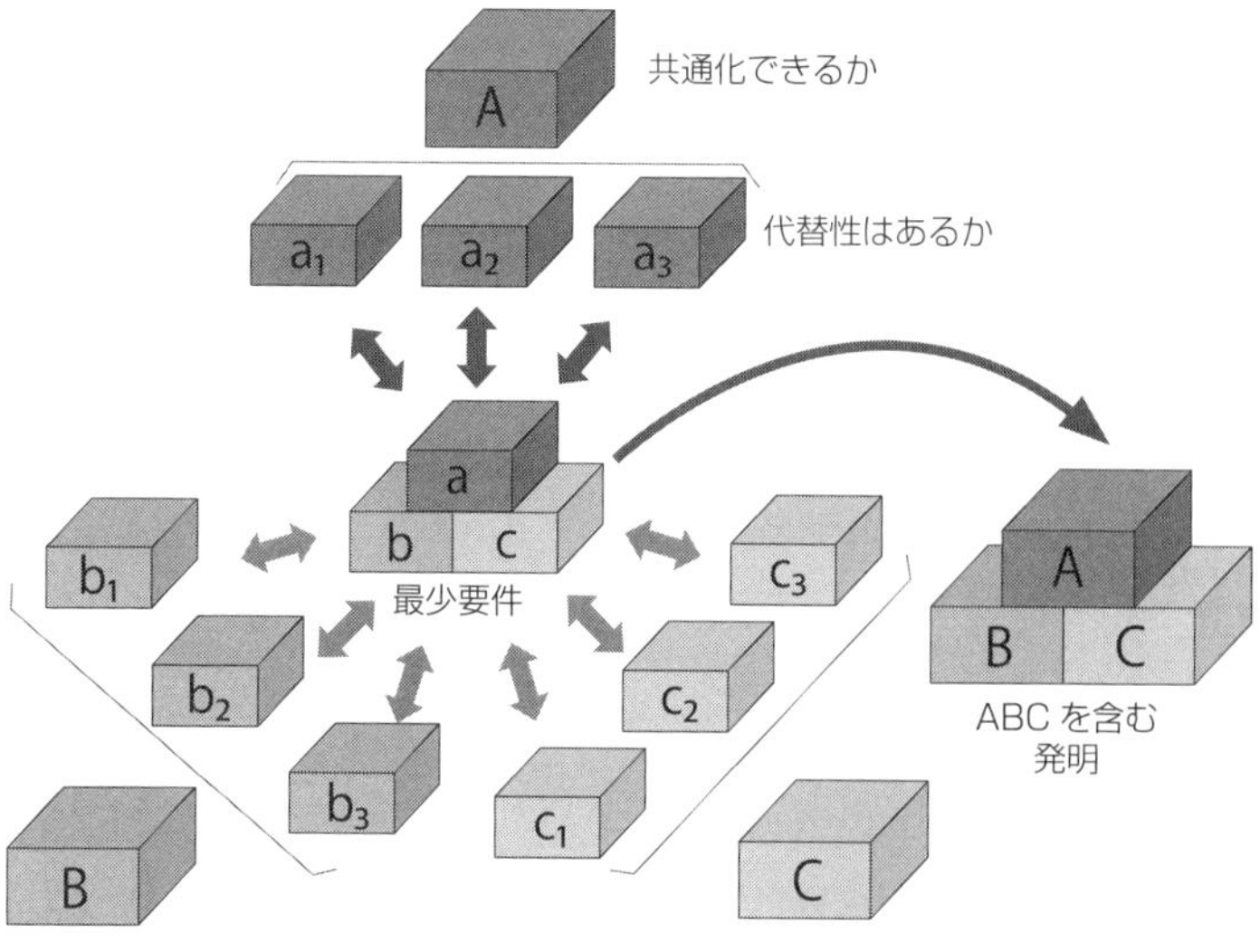

許権を取得できる可能性が生じる。

そして、その「強酸」を構成要件として含む発明について特許権を取得できた場合は、「塩化水素」を構成要件として含む発明についてはもちろんのこと、強酸の一種である「過塩素酸」や「臭化水素」を構成要件として含む発明についても特許権の効力が及び得ることになるのである。それゆえ、**上位概念化（共通化）する態様のクレームドラフティングも、発明の構成要件を事実レベルの最小要件に絞り込む態様のクレームドラフティングと同様に、「使える」特許権を取得するための大変重要な作業**なのである。

②ケース：食品

前記の想定事例により、**特許権は「範囲」が重要**ということについてご理解頂けたと思うので、著者が関わった実例をここでご紹介する。

フラクトオリゴ糖の一種である1－ケストースは、天然のプレバイオティックとして、また、糖尿病患者における砂糖の代用品として有用な低カロリー甘味料として、重要な化合物である。著者の前職では、既に依頼主Aが1－ケストースの製造販売事業を行っており、1－ケストースがアレルギーを抑制するとの知見を得て、

「1－ケストースを有効成分として含有することを特徴とするアレルギー抑制組成物。」

との発明について既に特許出願を行っていた。特許出願は、日本国特許出願の他、外国については

ＰＣＴ出願（国際特許出願）を行っており、そのＰＣＴ出願により国際調査報告書（サーチレポート）が得られていた。

そこで、国際調査報告書の内容に基づき、発明の内容を、

「1ーケストースを**最大組成比率の第1組成物**として含有することを特徴とする**アレルギー抑制剤。**」

と変更する手続補正を行い、特許性がある旨の報告（国際予備報告）が既になされていた。この段階から著者は本ケースを担当した。

ＰＣＴ出願に係る発明である「1ーケストースを最大組成比率の第1組成物として含有することを特徴とするアレルギー抑制剤。」について特許性がある旨の報告がされているのであるから、日本国特許出願に係る発明についても、「1ーケストースを最大組成比率の第1組成物として含有することを特徴とするアレルギー抑制剤。」と変更する手続補正を行えば、当該発明について、日本において特許権を取得できることになる。

依頼主Aは、「1ーケストースを最大組成比率の第1組成物として含有することを特徴とするアレルギー抑制剤。」との発明について、日本国で特許権を取得するつもりであった。

しかしながら、「1ーケストースを最大組成比率の第1組成物として含有することを特徴とするアレルギー抑制剤。」との発明について特許権を取得しても、第三者に侵害回避されつつ同様の商品の製造販売を許してしまう特許権となりかねないことに著者は気付いた。

図表2－17において、円柱形の物体が「アレルギー抑制剤」であり、斜線の部分が「1－ケストース」である。そうすると、左図の「アレルギー抑制剤」は、「1－ケストースを最大組成比率の第1組成物として含有することを特徴とするアレルギー抑制剤」にあてはまるが、右図の「アレルギー抑制剤」は、「1－ケストース」の量が左図の「1－ケストース」の量と同量であるにもかかわらず、「1－ケストースを最大組成比率の第1組成物として含有することを特徴とするアレルギー抑制剤。」にあてはまらない。

すなわち、**デンプンなどの食品として認められている物質を加えて、「1－ケストースを最大組成比率の第1組成物として含有しない」ようにしてしまうことは、いわゆる当業者（1－ケストース製造販売分野における通常の知識を有する者）にとっては、容易なことなのである。**

そこで著者は、特許出願明細書の記載と、国際調査報告書に掲載されていた先行技術文献の記載に基づき、

「**フラクトオリゴ糖において1－ケストースが最大組成比率の第1組成物であること**を特徴とするアレルギー抑制剤。」

との発明へ変更する旨の手続補正を、依頼主Aへ提案した。

図表 2-17　構成要件が１つしかない発明①

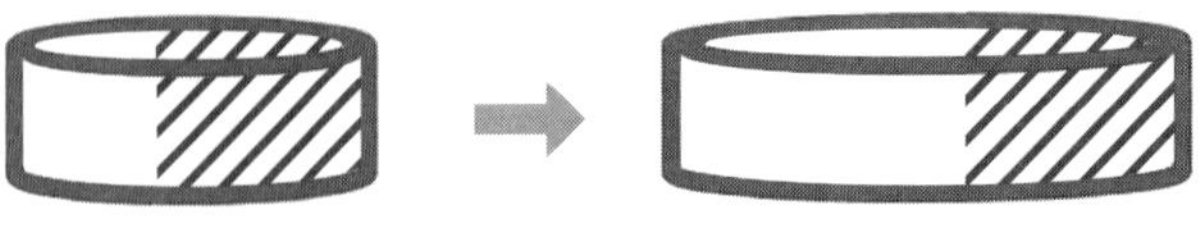

図表2－18において、同じく円柱形の物体が「アレルギー抑制剤」であり、格子部分が「1－ケストース」であり、格子部分と網かけ部分との和が「フラクトオリゴ糖」である。

そうすると、左図の「アレルギー抑制剤」は、「1－ケストースを最大組成比率の第1組成物として含有することを特徴とするアレルギー抑制剤。」にあてはまると同時に、「フラクトオリゴ糖において1－ケストースが最大組成比率の第1組成物であることを特徴とするアレルギー抑制剤。」にもあてはまるが、右図の「アレルギー抑制剤」は、「1－ケストースを最大組成比率の第1組成物として含有することを特徴とするアレルギー抑制剤。」にはあてはまらないものの、「フラクトオリゴ糖において1－ケストースが最大組成比率の第1組成物であることを特徴とするアレルギー抑制剤。」には依然としてあてはまっているのである。

さらに、特許出願明細書には、「フラクトオリゴ糖において1－ケストースが最大組成比率の第1組成物」でないと、アレルギー抑制効果が乏しくなることを示すデータが掲載されていたため、「フラクトオリゴ糖において1－ケストースが最大組成比率の第1組成物」がアレルギー抑制剤として最も有効であることを示すことができたのである。

図表 2-18　構成要件が１つしかない発明②

したがって、「フラクトオリゴ糖において1－ケストースが最大組成比率の第1組成物であることを特徴とするアレルギー抑制剤。」との発明について特許権を取得することができると、第三者は、デンプンなどの物質を加えても当該特許権への抵触を回避できない。また、1－ケストース以外のフラクトオリゴ糖を加えて「フラクトオリゴ糖において1－ケストースが最大組成比率の第1組成物」とならないようにして当該特許権への抵触を回避できたとしても、アレルギー抑制効果が乏しくなり、無意味となってしまうことから、**当該特許権は、第三者にとっては「範囲の広い特許権」となるのである**。

実際、依頼主Aは、「フラクトオリゴ糖において1－ケストースが最大組成比率の第1組成物であることを特徴とするアレルギー抑制剤。」との発明について特許権を取得したのであるが、その特許取得後に、当該特許権が無効であるとの情報提供が特許庁へなされたのである。このことは、「嫌がっている企業等が存在する」という証拠なのであり、**当該特許権が「使える特許権」**であるということの証左といえる。

③ケース：食品

他方、今度は、第三者による特許出願に係る発明の範囲が広過ぎて、万一そのまま第三者の特許権が成立してしまった場合には、当方が当該特許権を侵害する虞があったという実例をご紹介する。

島根県の酒造メーカーAは、酒造により大量に発生する良質な酒粕を使って、チョコレートを製造し販売する事業を始めるべくチョコレートの開発を行っていたところ、大学Bと酒造メーカーCと化学メーカーDが共同で、「酒粕由来の成分を有効成分として含有することを特徴とする乳化剤。」との発明について特許出願を済ませていることを知り、著者に相談があった。

酒粕を使ってチョコレートを製造するということは、酒粕を乳化剤として使用しているのであるから、まさに「酒粕由来の成分を有効成分として含有することを特徴とする乳化剤。」との発明を実施していることに他ならない。そこで著者は、当該「酒粕由来の成分を有効成分として含有することを特徴とする乳化剤。」との発明の範囲を狭めさせるべく、特許庁審査官に対して当該発明が新規性・進歩性を有さない旨の情報提供（刊行物等提出書の提出）を行うことを提案した。

具体的には、当該「酒粕由来の成分を有効成分として含有することを特徴とする乳化剤。」との発明の**新規性や進歩性を否定することができる先行技術文献を探し、当該否定のロジックとともに当該先行技術文献を審査官へ提供した**。

著者は、大学Bが共同特許出願人であることに目を付け、その特許出願の発明者である大学Bの教授の発表論文等を片っ端から調べた。なぜなら、大学教授のミッションは「研究発表」そのものだからである。その結果、当該特許出願の日より前に発表された、発明者である大学Bの教授の学会発表内容であって、当該「酒粕由来の成分を有効成分として含有することを特徴とする乳化剤。」との発明と関連する文献を発見した。これに基づいて情報提供を行ったところ、当該発明が新規性・進歩性を有さない旨の拒絶理由通知が大学B・酒造メーカーC・化学メーカーD宛てに特許庁審査官により発せられた。

当該拒絶理由通知を受けて、出願人によって当該出願の「酒粕由来の成分を有効成分として含有することを特徴とする乳化剤。」との発明を変更する内容の手続補正がなされ、「酒粕を、**中性またはアルカリ性の、水または水の含有割合が20重量%より多い水溶性溶媒で60℃以上で抽出して得られる抽出物**を有効成分として含有することを特徴とする乳化剤。」との発明に変更された。

酒造メーカーAは、酒粕をそのままチョコレートの製造に用いているので、「酒粕を、中性またはアルカリ性の、水または水の含有割合が20重量%より多い水溶性溶媒で60℃以上で抽出して得られる抽出物を有効成分として含有することを特徴とする乳化剤。」との発明に**抵触する可能性がないこと**は明白であった。

余談ではあるが、この「酒粕を、中性またはアルカリ性の、水または水の含有割合が20重量%より多い水溶性溶媒で60℃以上で抽出して得られる抽出物を有効成分として含有することを特徴とする乳化剤。」との発明について特許権が付与された場合に、どのようにして特許権に対する侵害を立証するのであろうか？「60℃以上で抽出して得られる抽出物」であるとの立証をどのようにするのか、著者は甚だ疑問に思った次第である。

(2) 意匠権は「部分」で取得する

意匠権を取得する場合、その物品全体の意匠について意匠権を取得しても、その意匠権の抵触を回避しつつ類似品を製造販売することができる余地を第三者に与えてしまう場合がある。実例を挙げて解説する。

①ケース：フェイスマスク

図表2－20の商品は、「フェイスマスク」である。このフェイスマスクは、目元の2箇所と口元の2箇所に接するような突起を、その内側に形成して備えていることを特徴としている。すなわち、目元の2箇所と口元の2箇所に接するような突起を、その内側に形成して備えているフェイスマスクであれば、そのフェイスマスク全体としてのデザインなどは何でもよいということになる。

図表 2-20　フェイスマスク①

出所：株式会社 Arts HP

図表 2-21　フェイスマスク②

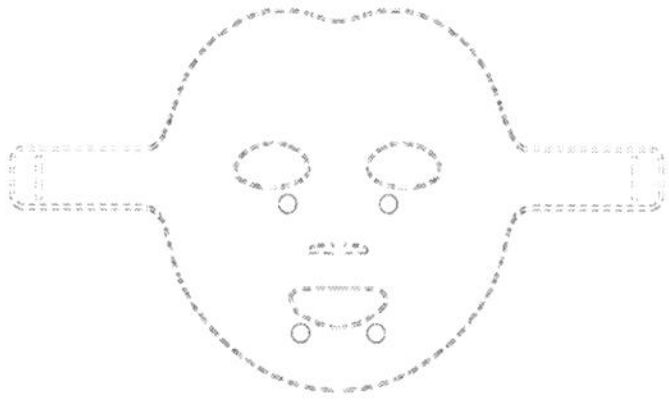

そこで、意匠登録出願の代理人である著者は、図表2－21に示すように、フェイスマスクにおける「目元の2箇所と口元の2箇所に接するような突起の部分」の意匠について、意匠登録出願を行うことを提案した。なお、図表2－21において、実線の部分が意匠登録を受けようと

する部分であり、破線の部分がその他の部分である。

その後、無事に意匠登録が認められて意匠権を取得することができたため、当該事業者は同様の突起を内部に備えるフェイスマスクの製造販売を独占販売することが可能となった。

②ケース：杖

図表2－22の商品は、「杖」である。この杖は、杖の接地部分からアイスピックを出し入れすることができるものであり、その特徴は、そのアイスピックを出し入れするための「スイッチ」にある。

従来、接地部分からアイスピックを出し入れすることができる杖は、様々なタイプのものが存在していたが、いずれの杖もアイスピックを出し入れするためのレバーなどの機構が扱いにくく、お年寄りや体の不自由な方にとっては使いづらいものが多かった。そこで、お年寄りや体の不自由な方でも簡単にアイスピックを出し入れできるよう、「スイッチ機構」にこだわった杖が開発されたのである。

意匠登録出願の代理人である著者は、図表2－23に示すように、**「アイスピック内蔵杖レバースイッチ部のレバー」の実線部分について、意匠登録出願を行うことを提案した。**前述と同様に、同図において、実線の部分が意匠登録を受けようとする部分であり破線の部分がその他の部分である。

なぜ、このようなスイッチ機構の、それもレバーの部分の意匠について、意匠登録出願を行うことを提案したかというと、この部分に係る意匠について登録を受け、意匠権を取得できれば、「お年寄りや体の不自由な方でも簡単にアイスピックを出し入れできる杖」を第三者が製造販売するこ

図表 2-22　杖①

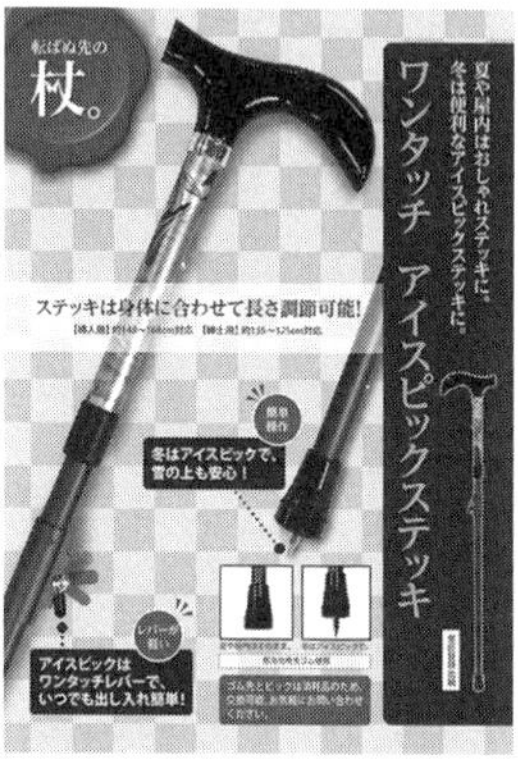

出所：株式会社ワイズ HP

図表 2-23　杖②

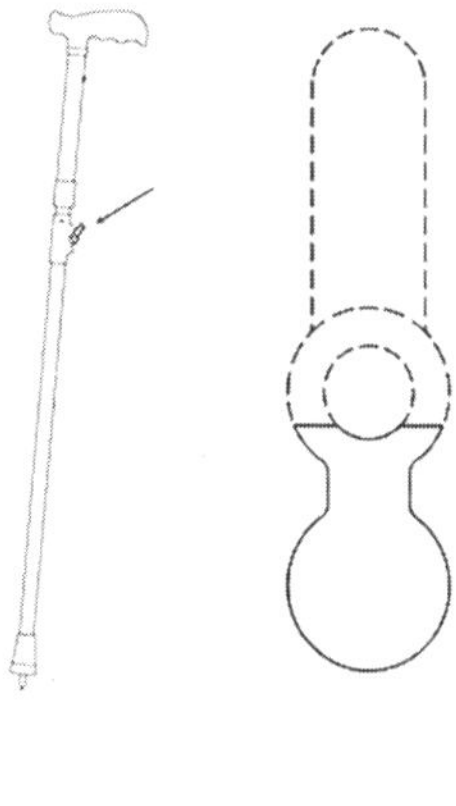

とができなくなるという、いたってシンプルな理由からである。

その後、当該部分に係る意匠について、日本とＥＵ諸国において意匠登録が認められ意匠権を取得することができたのである。

(3) 商標は「潜在意識に根付きやすい」ものを

特に、文字商標についての商標権を取得する場合、係る商標は「潜在意識に根付きやすい」ものを選択すべきである。具体的には、その文字商標のリズムにも左右されるが、**概ね、3，4文字からなる商標や、5～7文字からなり、かつ、うっすらとでも意味合いを感じさせる商標を挙げることができ、いずれも「造語」であることが好ましいが、10文字を超える商標は潜在意識に根付きにくく、**

避けるべきである。実例を挙げて解説する。

①ケース：食品

図表2－24の商品は、「カズチー」という名称の、燻製にされた数の子がチーズの中に散在されてなるおつまみ系の食品である。

当初は、「かずのこチーズ」という名称で商品化が進められていたのであるが、「かずのこチーズ」との名称を構成する「かずのこ」及び「チーズ」の語は、その「食品の原材料」を表す語であり、燻製にされた数の子がチーズの中に散在しているような食品について、「かずのこチーズ」との商標を出願しても、「普通に用いるに過ぎない商標」であるとして拒絶される可能性が極めて高いと考えられた。

そこで、商標登録出願の代理人である著者は、**「かずのこチーズ」の語を縮めた「カズチー」という名称を提案し、採用頂いた。あたかも、「スマートフォン」に対する「スマホ」のようなものである。**

その結果、当該商品は「カズチー」の語感の目新しさと、商品自体の美味しさとが相まって、テレビ番組やSNSを通じて一気に拡散し、製造が追いつかないまでに売れる大ヒット商品となったのである。

図表 2-24 「カズチー」

出所：井原水産株式会社

②ケース：かつら

図表2－25は、「HairDre」という商品名のウイッグである。ウイッグとは、装飾や髪型を変える目的で一時的に用いられるかつらのことをいう。

元々は「Hair Dress」という名称を希望されていたのであるが、「髪を飾る」との意味合いが捉えられるため、商標「Hair Dress」をかつらとして商標登録出願をしても、「普通に用いるに過ぎない商標」であるとして拒絶される可能性が高かった。そこで、商標登録出願の代理人である著者は、「Hair Dress」の語を縮めた「HairDre」という名称を提案し、採用頂いた。

その結果、商品の品質の良さや手軽さと相まって、「HairDre」の商品名がユーザーの潜在意識に根付き、この手の分野では珍しく大ヒット商品となったのである。

図表 2-25 「HairDre」

出所：有限会社アップデイトHP

③ケース：施設名

図表2－26は、民族共生象徴空間「ウポポイ」である。商標権者は文化庁長官である。必ず登録を受けられる商標であって、かつ、国民に親しまれる名称でなければならなかったところ、商標登録出願の代理人である著者は、5文字以内のアイヌ語（単語）をリストアップして頂き、その中から登録性が高いと見受けられ、かつ、潜在意識に根付きやすいと見受けられる語を抽出し、抽出した語から選択して頂くよう求めた。

その結果、「ウタルニ（『人々がいるところ』の意味）」、「ウヌカリ（『互いに会うこと』の意味）」及び「ウポポイ（『（おおぜいで）歌うこと』の意味）の3つが候補として選ばれ、一般投票の結果「ウポポイ」が選出されるに至ったのである。

以上が、弁理士である著者が担当、または出願代理人として実際に扱った案件のうち、「使える知財権」として、ビジネススクールで紹介したケースである。それぞ

図表 2-26 「ウポポイ」

出所：公益財団法人アイヌ民族文化財団 HP

れ、権利取得または公表された後に、権利者の了解を得て、あるいは公知の事実として紹介した。

〈参考文献〉

（1943）オイゲン・ディーゼル（大沢峯雄訳）『技術論（改訂版）』天然社・・・（知財戦略の根幹をしめる知的財産の役割を明らかにする古典的名著）

3章 投資戦略

1 「投資は文化である」か？

団塊世代に属する著者の子供時代（1960年代）には、小学校に行くと「こども銀行」なるもの（実体は郵便局員の出張）があって学校で貯金をすると利息がつく等の実利のある実習があった。そのように実利があって貯金に慣れ親しめる教育は、戦後の資本不足の時代にあって大きな学習効果を上げ国内資本蓄積に貢献した。ここで著者が社会人となった1974年の「田中角栄内閣」の時代にさかのぼる。公開された田中角栄メモによると、以下の通りである。

当時（1974年頃：著者注）で1200兆円に及んだ個人金融資産を、預金から株などの投資に動かすのがビッグバンの目玉だった。世界は「宝の山」を目指し（て来日したが：著者注）、数年で去った。メリル（リンチ）の支店長に、内情を聞いたことがある。顧客の人生設計に寄り添い、それに合わせた資産作りを手伝う「顧客ファースト」とは遠かった。支店間の収益競争、手数料の高い商品を優先して売りつける顧客無視の営業。本音を見透かした顧客が大事な資金を任せるはずがない。「投資文化こそ」

が第2の教訓だ。証券会社の使命は売ることではなく、個人が豊かになる投資の文化を作ることだ。文化がなければ売るのがうまくても、マイナス金利でもマネーは投資に向かわない。26日には米投資信託の老舗、バンガード・グループの撤退が表面化した。個人マネーが思ったほど集まらなかったからだ。」
（2020年8月29日付け『日本経済新聞』から抜粋、同紙コメンテーター梶原誠著）

前記引用のように1974年に田中角栄が意図した「個人金融資産を預金から株などの投資へ」の誘導は、それから50年近くの期間にわたって唱えられては来たが、成功しなかった。現在のベンチャー投資の滞りもその結果起きているといえよう。結果として国内起業率の低下も連動しており、欧米の起業率10％程度に比して、日本のそれは半分以下に低迷している。この貯蓄文化から投資文化への移行こそが、次節以降の主題である。**すなわち、「貯蓄」よりも「投資」の方が儲かる可能性が高い**ことが、文化として世間に共有されることが必要だ。

もう1つ、変えねばならぬ文化がある。それは**日本人が農耕民族だからという理由で変化を恐れるという「default -STOP 文化」である**。そもそもの default の意味は、「fault」の「回避（de）」であり、コンピュータの設定では失敗回避の目的であらかじめ用意されている選択肢のことだが、default の本来の意味は債務不履行である。

本項における「default-STOP の文化を変えねばならぬ」とは、大企業の役員会等で見られる「時期尚早」や「検討不足」を理由とする決定保留の習慣を見直そうというものである。「とりあえず」

決定を先延ばしして、「後で決定しても」さしたる不都合は無いだろうという日本文化の習慣は、近年、甚だ不都合を生じている。例えば地球温暖化対策のように年次の排出量が蓄積される性質の事象に対抗する対策は、直ちに今すぐ対策を開始した方が良い結果を早くにもたらすことは自明に近い事実なのに、決断できない。また、投資優遇税制を用いた経済の活性化は待ったなしの緊急事態なのに、決断ができないでいる。後者は、日本の100年後を見据えた場合、喫緊の課題だ。

もし、投資は文化というのならば、それは社会の深層で育まれたものであって、一朝一夕に変えられるものではない。だとすれば、意図的に変えるという強力なインセンティブが必要だ。

現代社会で最も効果的なインセンティブは税制である。投資を文化にまで高めるには、税制は恰好の手段である。そもそも、投資家というものは税金に敏感だ。したがって、いわゆる投資減税すなわち投資に向けられた資金は、収入に数えない等の施策が考えられる。投資というものは儲かった年度に税金を取りなおせばよいので、損をしたら課税しないことになり、国家としては減税とは呼ばれるものの、最後の最後には税収が見込めるという利点がある。

米国では2兆円なのに、日本ではその10の1といわれるVC投資額を10倍に増加させて米国並にすればよい。税制的クラウド・ファンディングと投資会社事業を含む投資マーケット・サイズは高々2000億円程度であるから、これが仮に5倍の1兆円程度に膨れたとしても所得税の取り損ないは、最大税率33%と仮定して3300億円程度に過ぎない。投資の促進効果に比して十分なインセンティブとなるのに対して、国家的税収損失は国家予算1年分100兆円に比べれば微々たるものだ。

2　これまでの日本におけるイノベーションのための資金調達

このような「投資が活発でない文化」であった中、日本企業ではどのように資金を調達して、イノベーションが行われてきたのだろうか？

日本型といわれた既存大企業は多くの場合、中央研究所という組織を有し、優秀な大卒社員をそこに集めて新規事業のタネを探索してから事業部に引き渡し、引き受けた事業部は商品開発を通じて利益幅の大きな商品に育て、これを大量生産・販売し利益を上げるのが、米国生まれの手法を上手に模倣した高度成長時代のイノベーションであった。すなわち、**イノベーションは一企業の中で閉じられて実行**されていた。

それが１９９０年頃から「中央研究所（時代）の終焉」といわれるような時期に入り、いわゆる**オープン・イノベーション**というものが主張される時代になった。そして、自社開発だけでは技術開発が間に合わなくなり、新技術は巷からカネで調達する時代になった。しかしながら、多くの日本人経営者にとっては、このオープン・イノベーションというものが理解しにくい状況が続き、米国勢や欧州勢の企業群が成功する例を眺めても理解し難く、指をくわえてその成功を眺めるしかなかった。日本型終身雇用制度がガンという識者もいたが、２０００年＋－10年の間は「失われた10年」などといっているうちに20年も続くロストイヤーズになってしまった。今や、30年になるという識者も出ている。

今になって思えば、**オープン・イノベーションとはイノベーションの金銭投資による購入のことであっ**

た。後述するいろいろな事業でのイノベーションの実例を眺めてみるとそういう結論になる。

社内の技術陣が開発した技術成果といえども、事業部はなかなか引き受けず、「みすみす事業機会を逸した」という話をたびたび聞いてきた。中央研究所は、ノーベル賞級の成果だと誇るが、事業部が採算を弾くと赤字の計算になることはよく経験することであった。このような時こそ、カーブアウト方式（第4章参照）の出番である。カーブアウトとは「研究者自身」または事業系立候補者に事業計画を立てさせ、「その事業計画の実行責任と相応の金銭」を準備した上で、会社内外の「投資家」に「事業化資金」を負担してもらうやり方である。この方式の利点は、以下の通りである。

（a）事業計画者が当該技術・市場に精通しているので、ライバル社（者）に出し抜かれる可能性が低いこと

（b）事業計画者が当該技術・市場に精通しているので、事業成功への「ガムシャラさ」が期待できること

（c）「事業計画書」という形で「資金回収の目途」が客観化しやすいこと

一方、問題点は、以下の通りである。

（a）「事業計画」を描ける「技術開発者」は多くないこと

（b）「事業計画」を世間に公表する形になり、ライバル企業や独立系資本に、身内の発案事業が「買収」される可能性も出て来ること

前記のカーブアウトは、社内発の新規事業開発が成功したら、それを見届けてから会社自身が買い戻す場合であってM&Aの一種とも考えられる。一方、技術開発元の企業が資金投資をためらっている場合には、ライバル企業がさっさと資金を提供して買い取ることも可能である。

この場合に重要なことは、第4章で一部を述べるが、育った企業風土が異なる場合の配慮が必要である。ベンチャーとして数年を過ごし、事業成功の見通しを得たベンチャー企業から見ると、資金を提供してくれたとはいえ親会社は旧態依然の大企業の風習を押し付けてくるように感じるだろうし、出勤簿管理なども不要なくらい自由気ままな社風にとまどいを感じる大企業側の社員も多いだろう。

ベンチャーとして数年を過ごし事業成功の見通しを得たベンチャー企業は、多くの場合、上場か既存大企業によるM&Aを目指して経営を進める。いわば「第二創業」とでもいえようか。そのようなベンチャー企業は、上場も選択肢だが、時間と経費（2年と約3000万円）を要するので、資金繰りが急がれる場合等はM&Aによる買収を選択する。この場合には、その市場で最も「イケてる大企業」に買収されることを望むことはいうまでもない。**だとすれば、これからの大企業は技術ベンチャーに選別される側にある。**

3 「技術の芽生え」とはどのようなものか？

「技術の芽生え」とはどんなものなのか？　見当もつかない読者も多いだろう。著者が係わった光ディスク技術開発の領域で実例を示して説明する。

(1) 光ディスクの場合

図表3－1に示す機構は、光ディスク・ドライブ（装置）が、ディスク上の1μ（ミクロン＝1／100万メートル＝1㎜／1000）に満たない直径のデータ列を追いかけながら読み取るメカニズムの概略を示したものである。

HDD（ハード・ディスク・ドライブ）と異なり、外部からの「ディスク脱着」を許容する「光ディスク」では、「パチン」とハマるように見える「クランプ」機構を採用しても、数十ミクロンの偏心は避けられない。「偏心」とはディスクの回転中心とデータ・トラックの幾何学的中心のズレのことを指し示す単語で、日常的には自動車のタイヤを締め付けた時にも起こり、高速道路では車輪回転のアンバランスにより振動が大きく乗り心地が悪いこと等で経験する。

光ディスクではこの偏心は、キカイ工作精度の限界（50μ程度より大きい）により避けられないものなので、レンズの方が「データ列」を追いかけることにより解決している。図中の赤い楕円がそのレンズで、レンズはz方向とy方向の2方向に動くボビンに載っているので、「2軸可動機構」と呼ばれる。この機構は、中村俊平という「旧オリンパス光学工業（株）」のエンジニアが1986年に発明したものだ。

日本の産業界は、このメカニズムを数億台規模で量産し世界のPCメーカーに輸出することにより、売上高1兆円規模の産業に育てた。

(2) 携帯電話方式の場合

図表3－2は、旧来は「遠くへ届ける」ことが主眼だった無線技術を使って、「大勢が同時に話す」ことを主眼に転換させた例である。

電波を遠くへ届ける時代には、大電力と背の高いアンテナがコア技術だった。だが、大勢が同時に話す時代には、小電力と多数のアンテナがコア技術となった。もう1つのコア技術は、当時発明されたCPUの応用により、「文字列の高速判別」により同一周波数では「混信」してくる通話者を「見分ける」手法であった。これらの新技術導入により、それまでは「周波数領域での判別」しか手法が

図表 3-1　光ディスク用光学ピックアップの構造概略

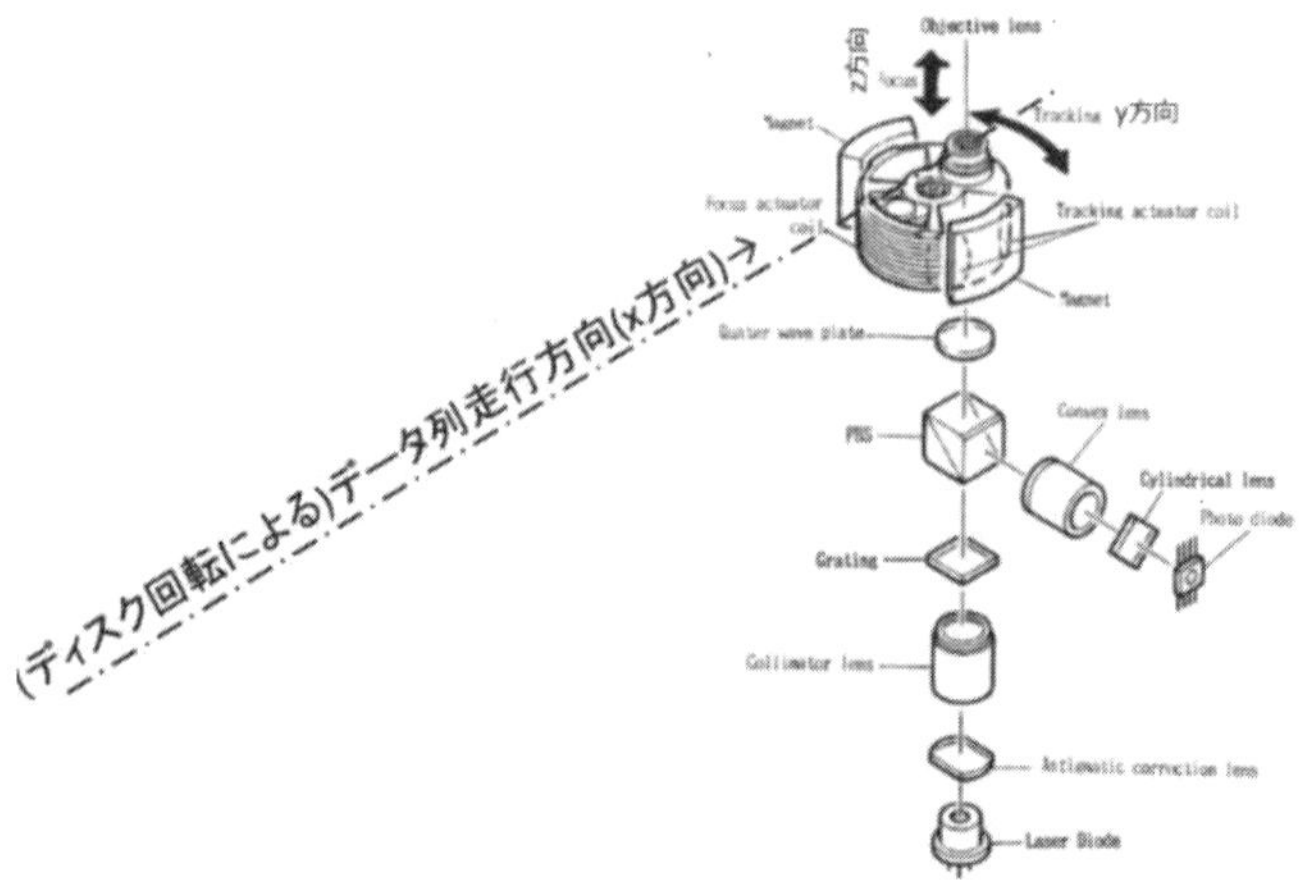

出所：松村純孝『レーザーディスク技術の系統化調査 Vol.21』国立科学博物館（2014）から引用・改製

無く1000kHzの周波数帯域があっても3kHz／人だと333組しか通話できなかったのに対し、「文字列」の判別ならば、実質無限数の判別が可能となり周波数帯域はもはや人数の制限要因ではなくなった。

これらの「新技術」が使われている携帯電話の発明者をインターネットで検索すると、マーチン・クーパーというモトローラ社のジェネラルマネージャー（1973年当時）と、同社の「DynaTAC 8000X」という商品名がヒットする。しかしながら、当然、彼1人で発明したわけではなく背景となる事情があった。その頃は、米兵約5万人が戦死したベトナム戦争末期であり、戦場に散らばる米兵の命綱としてのメッシュ化された地点間

図表 3-2　旧来型無線方式（上段）と携帯電話機用無線方式（下段）の比較

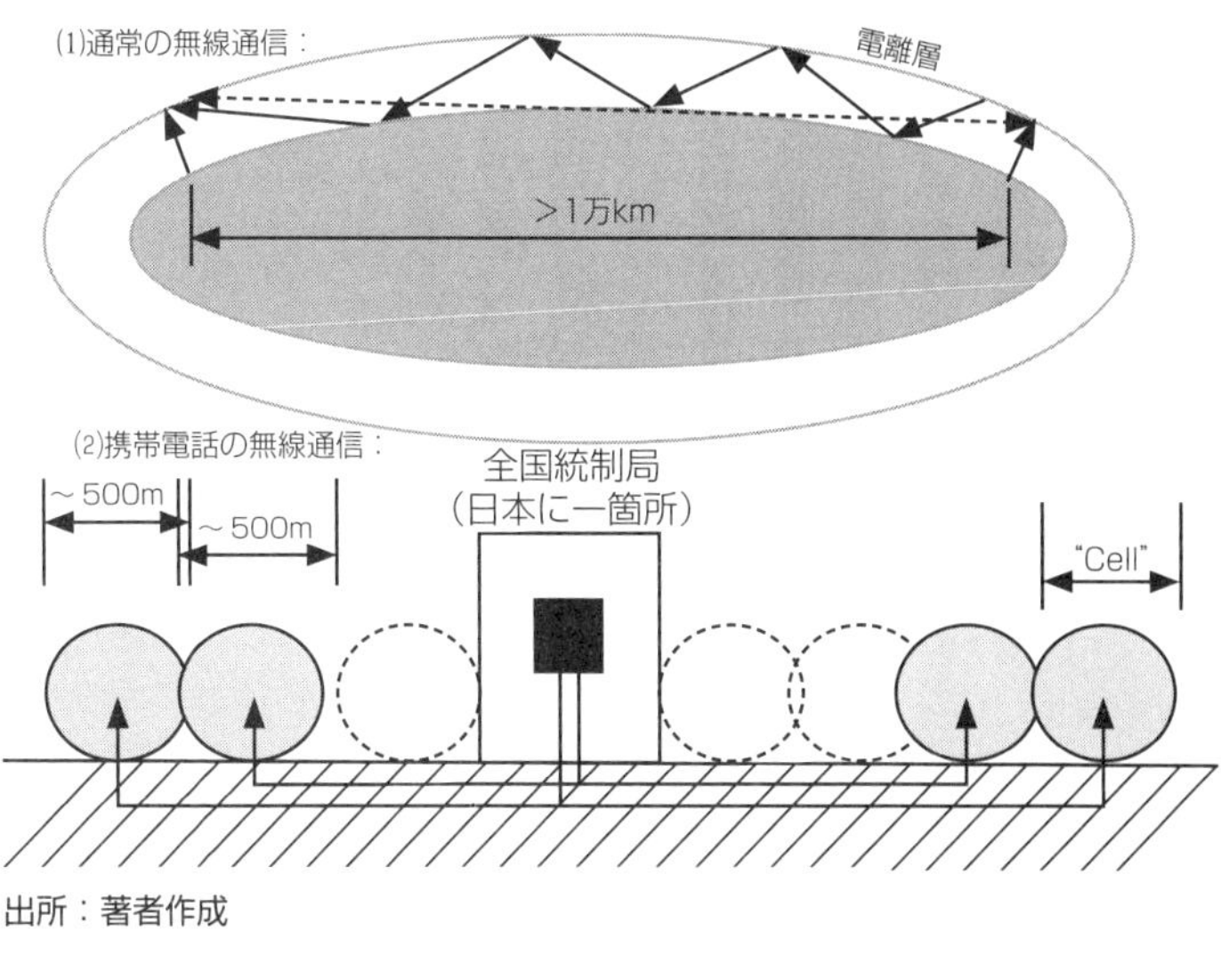

出所：著者作成

の無線通信手段は、ＧＰＳとともに当時の最先端軍事技術であった。その開発には大勢の米国研究開発エンジニアが関わったと考えられる。たまたまそれらの開発を請け負っていたモトローラ社が、１９７３年のベトナム終戦を契機として、民需転換目的で市販を目指したことが真相と、著者は推量する。

それらの時代から数えて50年後に近い現在、日本語ではスマホやガラホという単語で表現される人間関係維持装置としての「機能」は、もはや２０２０年のコロナ禍以降では生命維持装置の域に達している。図表３－１で示した「光ディスク」と図表３－２で示した「携帯電話」の技術は、両者ともに現代社会に深い根を下ろした「知の創造」となった例として理解・記憶される。

光ディスクや携帯電話は日常でよく使われているものの、一般読者には遠い世界の技術のような印象を受けるかもしれない。そのような印象を持つ方々には、別の表現を用いて、技術の芽生えが極めて身近にあることを伝えたい。

例えば料理である。料理の第一歩は献立だ。その後は素材選びから始まる一連のプロセスであって、「煮物／焼き物」「盛り付け」「食卓」「味わい」で完了する。これらの一連プロセスをイノベーションに見立て考えてみる。「技術の芽生え」に相当するのは、「献立」であるが、「献立」そのものには創造性は無い。「献立」は、以前に食べたことのある「献立」の中から「選択」することに過ぎないので「技術の芽生え」とは言い難い。だが、ここでもし新しい食感や美味しさを持った食材が見つかった、ないし海外からもたらされたとしよう。そうすれば、新しい素材に応じた新しい献立が誕生する。

この「新しい献立」こそが「技術の芽生え」なのだ。
そして、この新しい素材が発明発見される場こそが、現代社会では大学なのだ。

(3)「技術の芽生え」の具体例

著者自身の体験を振り返って見ても、当時の一般常識に従い、失敗した。20歳代で発明・制作した「通信ソフト」があり、仲間内で高評価であったが、当時の自分は給与従事者だったので、自分で営利事業を起業するなど思いもよらないことであった。今にして思えば、起業した上で、世間に販売して営利事業に持ち込む手もあったと思われる。この例で、今日ならインキュベーションＶＣに持ち込むべきだったと考える理由を考察する。

著者の発明・ソフトウェア制作は、入社4～5年目に研究所の資源が自由に使えるようになった時分に、それらの資源を活用して著者1人が必要に迫られ実験的に制作したもので、社内での評判もよかった。その開発コストを概算してみると開発に要した期間2ヵ月７６３分の給与が当時の金額で約20万円（＝年収金額／18×2）、社内利用なので当時は無料だった大型コンピュータ利用料１００回分が、想像するに約１００万円／月×2＝２００万円、開発用高性能コンピュータの購入価格が約３００万円、開発環境（実験室＋居室＝１００㎡）コスト＝約３００万円／月×2月＝６００万円、合計すると、約１１４０万円となる。40年前の出来事なので現在の貨幣価値に換算すると、40年間の平均インフレ率を2～3％と仮定して1140万円×$(1.03)^{40}$＝3718万円～2517万円となり、ハードウエアの試作なしでも現在価格で3000万円以上、紙や電気代など周辺コストを含めると現在価値で5000万円程度と試算される。

さて、この約5000万円程度と見込まれる当初資金は、著者の場合の実態は本職（電電公社電気通信研究所エンジニア）の合間だったが、ベンチャー事業の場合には支出を伴う経費であって、どうやって当初の5000万円を作るべきかが本書の次なる主要課題である。

4　知のキャピタル化

先に示した、光ディスクやスマホは、大企業に属する会社の従業員エンジニアによる発明・開発の産物であった。それでは、もっと一般的な「知の創造」はどのようにして事業化されていくのだろうか。そこで登場する新たな概念が「知のキャピタル化」である。

「知のキャピタル化」とは聞きなれない用語だが、著者らが主張するイノベーションの一連のプロセスを「知の創造→知の具現化→知の商業化」と3段階に分けて考えるとき、3段目の「知の商業化」を起動する上で、最初に遭遇する困難である資金調達に必須な「事業見積もり」に相当する。

つまり、ただのアイデアが新規事業のタネになる瞬間の操作を指す概念である。起業するときに最も必要な資材は、資金に先立って肝心なことがあって、何を事業の柱とするかを決定することである。いわば新規事業のタネが無ければ起業はあり得ない。それゆえ、何を事業の柱とするかは重要な資材といえ、起業時の資本の一部である。一般には、資本といえば資本金のことを指すが、諸々の資本のうち最も重要なものは何かと問うた時、それは**何を事業の柱とするか**である。

１９１０年創業の日立製作所においては、輸入電動機の国産化という事業モデルこそが事業の最初の柱であった。１９４７年創業のソニーにとっては、磁気録音技術によるポータブル録音機の国産化こそが事業の最初の柱であった。また、１９４６年創業のホンダにあっては、自転車外付け用原動機の量産こそが事業の最初の柱であった。

三者にはそれぞれの大義名分があったからこそ、意に感じて資本金を提供する人物や協力者が現れた。

この「知のキャピタル化」を一言で表せば、**「知の創造」と「知の具現化」で明らかにした知の価値を、市場価値に換算して見せ、さらに事業価値へと換算し、その上で投資価値に換算して金額にしてプレゼンする、すなわち「知の商業化」における第一歩**である。

英語の「Capitalize」をネットで引くと、「資本に組み入れる、資本化する、資金を供給する、投資する、現金化する、資本金を見積もる、大文字で始める、大文字で書く」などが出て来る。「大文字で云々」は書式のハナシだから除くと、資本に組み入れる、資本化する、資金を供給する、投資する、現金化する、資本金を見積もるなどが原義に相当する。

前項の結論に出てくる、新規事業モデルとは、個人のアタマで空想するだけのモノであるから、一般人には何の価値も持たず存在すら知られていない。しかしながら、現在目の前で営まれている数万人以上を雇用する大事業会社たちは、全て1人の起業家の空想から始まったことは、よく知られた事実だ。小平浪平の「日立製作所」、盛田昭夫・井深大の「ソニー（東京電気通信工業）」、本田宗一郎の「ホンダ技研工業」など、日本を代表する大企業は、例外なく創業者1人の空想から始まった。これらの企業の創業史を紐解けば、企業を興し、営利事業に育て上げる一連のプロセスは、ごく日常的な活動でありDaily Lifeともいえる普遍的活動であることが、わかる。

5 イノベーションの価値

イノベーションの価値を論ずるには、その新規技術や新規事業モデルを利用して世の中に打って出た場合にどれほどの「価値」を有するものなのかを、関係者（知の創造者、知の具現者、知の商業化者）で共有することが必要だ。

（1）市場の価値

価値とは、ヒトの生命など金銭価値では表現できないものも多いが、大勢の人々に共有してもらうには金銭価値で表現するべきであり、最も普遍的な価値単位なので多くの第三者に受け入れられやすい。

一方、イノベーションの第一段階である「知の創造」の価値は、思いついた当人にしか認識されない。したがって多くの場合、独りよがりである可能性が高いし、そもそも個人のアタマの中だけで行われた「知の創造」であるから、本人以外には知られていない。それゆえ、**知の創造をキャピタライズすることの第一歩は、「知の具現化」と呼ぶ新規事業モデルを他人に話し、共感を得ることから始まる。**

事業計画を説明して相手の「賛同」を得るには、よくある「儲け話があるんだけど」的な話し方は、「事業アイデア」の初期説明としては好ましくない。なぜなら、アイデア段階では「儲かるか否か」は確定していないからだ。容易に予期される相手の反応は「そんなウマイ話は信用できない」で片づけられることであろう。

事業アイデアの初期説明として**好ましい話し方**は、「○○技術を使って、年間○○個売れれば、○○％（△円）くらいの利益が出せるので、面白い事業が続けられると思うが、どう思いますか？」が正しい。イノベーションとは新たな技術を活用する新規市場創出と定義し、その新規事業により経営者・従業員が収入を得ながら継続的に開発行為を回転させる経済活動である。したがって、税金を原資とする補助金などにより、試作品が1個完成できて、その1個が売れたなどの事業形態は、本論で対象とするイノベーションに含まれない。継続的に開発行為を回転させるための事業計画に基づく**単価×市場総数**こそが市場価値の実態だ。このときの**単価は、一般には購入して入手する部品全ての総額と、組み立てに必要な工賃（主として人件費、工場経費・工具価格を含む）の総額を、生産数量で除した数値に再生産経費を上乗せした金額**である。

つまり、**市場総数**とは、当該の新規商品を世の中で買う人々に行き渡る総数であり、個数／年×期待市場寿命（＝年数）ということになる。一般には期待市場寿命は10年よりも短く、スマホなどでは1年未満の短命であることも多い。それゆえ、市場寿命は新規商品の性格に依存する。

（2）事業の価値

市場価値とは、当該技術と当該事業モデルを念頭に置いたときの市場全体の大きさを売上金額で表したものであるが、多くの場合にはそのまま全部が自社の事業になるわけではない。既存大企業の同一市場参入もあるだろうし、後発企業の追い上げもあるはずだ。事業計画の出来・不出来により、市場価値の何%が「その事業計画」でカバーされるかに依存し、したがって市場価値の１００%を超えることは無い。

既存企業や後発企業の市場参入を防いで、市場全体を自社事業に取り込み売上を最大化しようとするとき、威力を発揮するのは第2章で詳述した「特許」である。「特許権」とは、新規技術の普及促進を目的に、当該技術の独占的使用権を20年間に限り法的に国家が保護する制度であり、世界各国の国内法で保護が保証されている。新規技術の普及促進を目的とするので、出願（申請日）から18ヵ月後には詳細技術が書かれた出願文書が公表されることになっている。この制度は世界各国共通であり、海外特許の公開情報から情報を盗み出して新たな国内特許の出願を行うなどの剽窃行為も少なくない。

そのため、特許を出願しないという選択肢もあり得る。しかしながら、特許を持たずに新規事業で成功するには、競合後発が追いつけないスピードで駆け抜ける必要があり、至難の技だ。なぜなら、資金が十分にある大企業はこの時に必要な時間を資金で買うことができるが、資金に余裕がないことが多いベンチャー会社は、資金集めに奔走している間に、大企業が追い抜いてくるからだ。

前項で議論した事業アイデアは、イノベーションの世界では市場価値で比較される。市場価値は金銭的な価格で評価されるのが普通である。大学や研究機関においては、論文としての価値や被引用件数で論文の価値が評価されることが多いが、これらとは全く異なる。

新規性や社会的影響力の大きさなどのみでは、投資家には全く評価されない。事業アイデアの価値には権利化済の特許も含まれる。なぜなら、特許には特許庁審査官による審査があり、新規性と進歩性についてはお墨付きがあるようなものだが、当該事業の後発企業による追い上げについては全く保証が無いから、この点は出願者であるベンチャー企業自身が心を砕くべき点だ。

投資家はより高い市場価格に吸い寄せられるが、投資を受けるにはより高い価格であるばかりでなく、その成長率が高いことも必要である。したがって、ここで「成長率」について例を用いて説明する。

(3) 投資と事業の価値成長率とは

先に触れたように、投資家というものは、手持ち資金が目減りしないように一定金利を毎年上乗せしてくれる銀行定期預金よりも有利な投資先を感度良く探し出し、そこにお金を預けるものだ。したがって、新規事業創業者は自分の提案する事業が銀行定期預金に比べてどの程度有利な投資先であるかを示す「指標」を用いて、これを表現する必要がある。それがＩＲＲ（Internal Return Ratio）である。

ＩＲＲは、事業が成功した時の市場全体の大きさの成長割合で（多くは金額成長率％／年）で表したものだが、投資家から眺めた場合の魅力は事業価値そのものとは限らず、**「投資価値」**にある。投資家の立場からイノベーションを眺めた場合、投資案件に10億円を投じた場合、10年後に何倍になっているはずかを数字で示したものが「投資価値」であって、投資家側の事情でいえば、10年後には10～100倍以上になっていることを期待できるのが好ましい。10年後に10倍とは年利換算で10の10乗根であるから年複利26％に相当する。10年後に100倍とは年複利58％に相当し、このときの26％や58％のことを投資家はＩＲＲと呼ぶ。

高いＩＲＲは、成功可否が判明しないうちに、成功にかけてくれる心意気に感謝を示す心意気料に相当するものであり、元本の保証は全くない。投資家は何を根拠に成功を信じ、投資してくれるのか。それは事業計画書に対する信頼性や信憑性のみが根拠である。しかしながら、ＩＲＲが大きければ大きいほど良いというわけでもない。一般論としては、ＩＲＲが大きくて魅力的な投資先は、成功したときの報酬も大きい一方、失敗したときには出資金が全額戻らず、事業が失敗した時の損失も大きいことを意味する。

ＩＲＲで表現された事業の成長性について、もう1つ理解をしておく必要がある。ＩＲＲは、10年間程度の平均年間成長率であって、個々の事業年度に於ける成長率ではない点である。例えば、上記例で1億円を投資したとしても、初年度から58％の利益が得られるわけではなく、多くの場合は初年度は開発投資が進むだけだ。そして、1年間で何らかの成果、例えば開発成功などの成果が出ても、赤字ベンチャー企業の計算株価は上昇せず、投資1億円に対して利益は全く出ないことが多いことに留意すべきだ。すなわち、投資家にとっては手元資金を最低10年間塩漬けにすることを意味している。

(4) 医療系新規事業の扱い

新規創薬や新規診断装置など、コンピュータやエレクトロニクスを応用した医療技術分野における新規事業提案も少なくない。しかしながら、これらの事業領域においては、他の新規事業提案と異なり、投資案件としての投資回収期間に関して、一般的に長期化が避けられない傾向にあるため、特別な注意を要することを注記しておく。

一般的な投資期間は10年間とされていることは先に紹介したが、暗黙の了解事項である10年間という期間は、主として投資側の事情で定まっている。その理由は、投資側の思考パターンとして資本市場というものは各国政府が行う経済政策と連動しているので、投資回収を目指す資本家（おカネの提供側）としては、10年より先の経済見通しはほぼ不可能であることによる。見通しがほぼ不可能である理由は、「リーマン・ショック」や「コロナ禍」など、突発的な出来事による不況などは予見できないという経験則に基づく。だから、投資回収は10年程度という計画が一般的に受け入れられて来た。別の言い方をすれば、資金の出し手である投資家から眺めると、資金を寝かせる期間としては、10年間が許容できる最長期間であることによる。考えられるもう1つの理由は、人生の長さを理由とするものである。一般論として人生の寿命は80～90年間である。しかもそのうち、失敗が許されてやり直しが可能な年齢は概ね20～50歳というのが大方の人生だ。この、20～50年間という人生の期間で10年間というのは比較的長い方に属する。一方、標記の医療系新規事業においては、事業開始（売上計上）に先立ち、日本では「旧薬事法（現薬機法（改正薬事法））」による許認可が必要であり、諸外国でも医療機器特有の規制法律に基づく許認可が必要だ。

日本では、２０１４年に規制法が「（略称）薬機法」に改訂され、これに基づき「国立研究開発法人日本医療研究開発機構」（略称 AMED）が２０１５年に設立されて、規制基準や認可方式が改訂された。旧薬事法の時代から一般には医療系新規事業においては、試作品が完成してから薬事法承認を得てから初めて販売可能となるので、法的承認手続に要する1～2年間は販売が開始できない。資金繰りの観点からは、事業が軌道に乗るまで2年程度余計にかかることになり、本体開発に加え承認手続に３０００万円程度が余計にかかると見ておく必要がある。

6 日本語に特有の課題

これまでに述べてきた事柄は、一般的な世界言語（例えば英語）を前提とした上での主張であった。しかしながら日本では、日常的に使用される言語が日本語であることに起因する特殊事情も加わることを指摘したい。

日本語の特殊事情については、イノベーションの話題に限った考察ではなく、各分野における抽象語を用いる考察的思考において有用と思われる。もちろん、著者の専門分野ではないが、過去実際に体験したＣＤ、ＤＶＤなどの日本発技術に関する国際標準化会議での応酬とその反省をもとに、以下に記す。著者の年齢から考えて、このような過去に日本が直面した体験を文章化して、これから日本を支える若きベンチャー起業家、エンジニア、企業経営者に伝えておくべきと考えるからだ。

一般的な日本語では、社会的慣例として時系列主義が貫かれている。そのため、文章の初めに理由や事情を述べ、引き続き結論を後から述べる構文が一般的だ。これに対し、英語に代表される欧米言語では、結論や主張を最初に述べて全体像を示し、その後に寄って来るべき論理を示す目的で理由や事情を後から述べることが普通である。これは、学術論文のみならず、一般の子供の会話から、企業の存続をかけた技術の標準化論争まで全てに見られる事象である。

突き詰めて考えると、日本語と欧米言語の差異は、イノベーションに対する投資を議論する場合と同様に、抽象的思考を用いて説明・説得する場合において、決定的に異なる役回りを果たす。

広く世界会議で使用される英語は、文頭に Fortunately とか Unfortunately を置くことで、それに続く文章が肯定形か否定形かをあらかじめ予想させる形式がしばしば用いられる。これらの背景には、英語圏において Surprise を避けるという暗黙の表現ルールが存在するためと考えられる。Surprise を避けるという暗黙のルールは、著者が参加した国際会議においても多く体験した。日本の国会で時々見られるような、トリッキーな手法で賛否を計り強行突破しても、その後の混乱を含めて考えると強行採決が必ずしも皆にとって有利な結果とはならないことが、西欧社会では歴史的に同意されているからではないか。

Surpriseを避けるという暗黙のルールは、ISO（国際標準化機関）のような公式会議においても尊重されており、多数決による評決が大前提であることが周知であるにもかかわらず、正式評決（投票）に先立って非公式評決（投票）が行われることがある。これは「Straw Vote」と呼ばれ、議論の落ち着きどころを探るために議長職権により大方による議論の方向性が煮詰まったかどうかを検知するために行われ、一種の事前票読み効果を有する。これにより、議長を含めた会議の参加者は、評決の行方にある程度の見当がつき、安心して評決（投票）に臨むことができるという習慣が一般的に行われている。

それではイノベーションにまつわる会話の重要な役回りの中身は何かと問えば、**（a）本人以外には知り得ない発明の説明、（b）投資家に対する事業計画の説明**、の2点である。この中身を起業家から投資家に伝えるためには、言語による外に手段はなく、言語的ハンディを抱える日本語を用いた説明でも、コトバの用い方をほんの少し工夫するだけで、顕著な投資理解を得られる。それゆえに、**起業家はまずコトバの運用＝文書作成技術を常に鍛錬する必要がある**。あるいは、英語で考え、説明する必要があるともいえる。

具体的アドバイスとしては、先に結論を述べてから、理由・事情を後で述べる構文を採用すべきだ。これはさほど困難ではなく、イノベーション投資の推進に効果的と著者は考える。その理由は、次の通りである。

(a) イノベーションにまつわる会話においては、基本的に馴染みの無い話が大部分となるから

イノベーションに関わる会話においては、聞く人にとっては奇想天外なはずの「知の創造」や、初めて聞く人々にとっては「知の具現化」も馴染みの無い話であろうし、「知の商業化」にいたっては、「そんなものが売れるわけがない」が一般的な感想だ。一方、このような馴染みの無い話を聞くときは、聞こえた話の中で理解できない単語や論理不明点が現れると、そこから先の話が全く記憶されず、理解や共感には到底至らない。これは外国語である英語を聞いているとき、知らない単語が現れるとその先が全く理解できなくなる現象に似ている。

(b) 当事者間で背景理解が共感・共有されていないから

日常的な日本語においては、暗黙の背景理解や暗黙の共感が前提なので、会話開始の背景や会話の意義が省略されていることが普通だ。だが、そのような会話の始まり方ではイノベーションに関わる会話は全く理解されない。イノベーションに関わる会話では、まずイノベーションの骨子を述べてからその内容を述べる必要がある。

(c) 英語話者の「Surprise を避ける原則」にもかなっているから

7　VCは「知の創造〜商業化」を行う唯一の資金提供源か？

ＶＣというものは、いわば個人や企業の余剰資金を預かって、10年くらいかけて2〜１００倍くらいの返済額にして返す事業である。したがって社会情勢や経済情勢に左右されやすく、必ずしも必要なタイミングでベンチャーに投資され得るとは限らない。例えば、２０２０年のコロナ禍のような突発事態が起きると、どんな良好な新規事業案件が提案されても、「知の商業化」に投資されない場合が多く見られる。

このような社会情勢や経済情勢に囚われない投資判断というものは、一体存在し得ないものだろうか？　歴史的に眺めるとそれは存在した。例えば、第一次世界大戦における飛行機という「知の商業化」を推し進めたのは、各国政府であった。特に、重工業の発展で当時の世界の先端を歩んでいたドイツ政府であった。同政府は、ドイツ国内の航空機企業であるユンカース社に集中的に新技術の商業化投資を行った。その結果、ドイツは大戦中に全金属モノコック機体を開発できるまでに至り、第一次大戦敗戦により莫大な賠償金を課せられたにも拘わらず、第二次世界大戦では世界に5年先駆けてジェットエンジン戦闘爆撃機「Me262」を実用化した。こうした高い技術蓄積は、戦後、米国航空機業界に対抗できる現在のエアバス社の礎を築いた。

また、エアバス社の対抗企業として名高い米ボーイング社もまた、米国政府を資金源とする政府資金による商業化を推進した結果である。創業者はウイリアム・Ｅ・ボーイングと海軍技師のジョージ・

コンラッド・ウエスターバレットであり、第一次大戦期の1917年、パイロット養成用双フロート複葉単発練習機モデルCが海軍に採用され、約700機を量産化し航空機メーカーとしての地歩を築いた。

これらの2例では、ドイツと米国の政府が資金を提供して、軍用飛行機に開発投資と量産支援を行った。一般論として自由主義経済下においては、一国の政府が新規事業の支援を行うのは、明治維新時の日本の殖産興業のように資本市場が未整備で他に手段がない場合、もしくは戦争など国家存亡事業として必達の場合のどちらかに限られる。これらの場合は、国家の存亡をかけているので国内資金の総力を挙げ商業化のための投資が行われる。

それでもなお、日本のように個人保有の当面は使途がない貯蓄性資金が1000兆円もありながらVC投資額が米国のそれの10％（2000億円）しか投じられていないという現状を打破するためには、明治維新政府のような官製ファンドによるベンチャー（Start-Up）の直接支援が不可欠だ。この観点から設立されたのが、民間との共同研究で300億円を超える国内四大学、東京大学・京都大学・大阪大学・東北大学の内部に株式会社形式で設立された大学発ベンチャー支援のVC投資会社である。この中の1社が「東北大学ベンチャーパートナーズ（株）」というVC会社であって、著者もその設立に参画した。東北大では、政府資金150億円をもとにVCが学内に設立され、投資ファンド1号が組成され現在に至る。

以上が、著者が大学院修了後、SONYエンジニアとしておよそ半世紀にわたり経験し、学んできたことである。そして、これから日本のテクノロジー創造を担う若きエンジニア・サイエンティストと、彼らに投資し、育まねばならないベンチャーキャピタリストへの、著者からの最大のエールでもある。

〈参考文献〉

（2015）武田立・瀬戸篤『イノベーションの成功と失敗』同文舘出版
（2020）武田立「4章：書込型光ディスク技術の系統化調査」『技術の系統化調査報告 vol.29』独立行政法人国立科学博物館同年3月・・・（本章で取り扱われる技術の芽生えについて、日本が生み出した20世紀最後の世界的発明である読み書き可能な光ディスク技術開発と世界標準化の中心にいたエンジニアがその全容を克明に解説）

4章 出口戦略

1 イノベーションを創出するメカニズム「ベンチャーエコシステム」とは

ものづくりが企業価値の源泉であった時代には、イノベーションの担い手は、ものづくりに関する知的財産権やノウハウ、製造設備を有する大企業であった。しかし、近年、多くの製品でコモディティ化が進展し、また、価値の源泉はバイオテクノロジー・ソフトウェアやコンテンツ、それらとモノを組み合わせたサービスに移行しており、このような時代の変化を受けてイノベーションの担い手も徐々に変化してきている。

我が国のみならず、自社の事業領域を離れた「知の創造」や「知の具現化」は、大企業の得意とするところではないことが明らかになってきており、それを代替するように**イノベーションを継続的に創出し続けるメカニズムとしてベンチャーエコシステム**が発展してきている。ここでは、今や産業界において重要な役割を果たすようになってきたベンチャーエコシステムについて紹介し、イノベーションの推進における意義について考察していく。

2　知の創造・具現化・商業化の担い手

(1) 知の創造・具現化の拠点である大学・研究機関

昨今、多くの事業領域において技術のコモディティ化が進み、加えて、グローバル化が急速に進展してきていることにより、多くの我が国企業は、新興国企業を含むグローバル企業との価格競争や製品ライフサイクルの短期化に苦しめられている。また、昨今のITの急速な発展と普及により、製品、サービスが複雑化し、短期間で自社リソースのみで製品・サービスの開発を行うことが困難になってきている。こうした背景から、産業界は、自前主義から脱却し、新たな方法や新たな取り組みによって、将来の製品、サービスに繋がるイノベーションを生み出す必要性を強く感じており、**その解決策の1つとして知の創造拠点である大学にも大きな期待**が集まっている。

図表4-1　所属別研究者数及び研究費（2019年度）

2019年度研究者数

大学等	公的機関・非営利	企業	合計
33.4万人	3.8万人	50.7万人	88.1万人
38%	4%	58%	—

2019年度研究費

大学等	公的機関・非営利	企業	合計
3.7兆円	1.6兆円	14.2兆円	19.5兆円
19%	8%	73%	—

出所：総務省「科学技術研究調査結果の概要」を元に著者作成

我が国においては、図表4―1に示すように、研究者全体の58%、研究費全体の73%を企業の研究が占めており、企業の研究開発部門が我が国の科学技術を支えている状況にある。一方で、企業以外の研究組織である大学等、公的機関、非営利団体にも37万人の研究者が在籍しており、年間5兆円程度の研究費を使い様々な研究開発を行っている。それゆえに、技術のコモディティ化や企業活動のグローバル化等の環境変化に対応するために新たな知を探索したいと考えている我が国企業にとって、大学等の研究組織には十分に魅力があるといえよう。

　現に、図表4―2に示されている通り、我が国の大企業がイノベーション促進のための連携相手として一番に選んでいるのは大学等であり、今後の連携推進の意向もそれ以上で、90%を超える大企業が大学等との連携を望んでいる

図表4-2　大企業の国内における外部組織との連携実績と連携推進意向

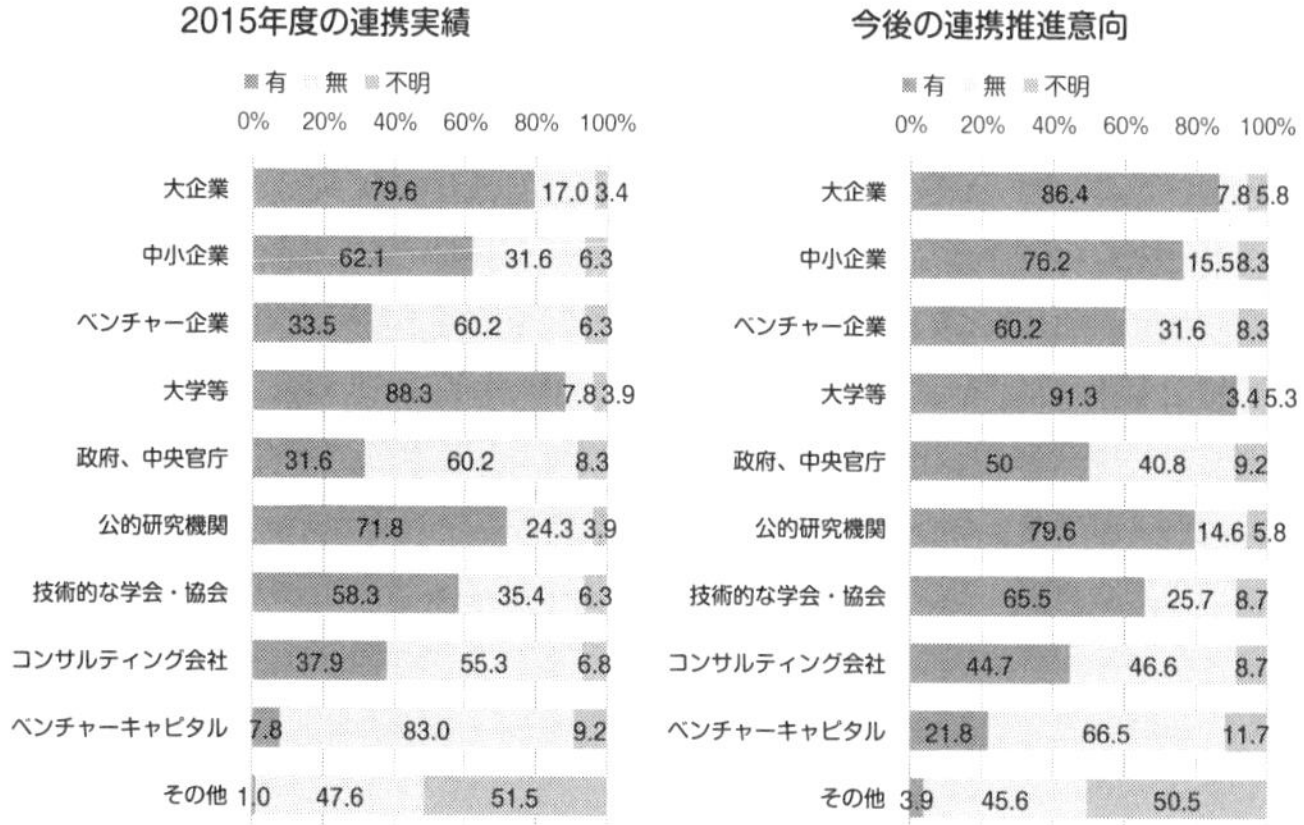

出所：経済産業省「平成28年度産業技術調査事業（我が国企業の研究開発活動の支援のあり方に関する調査）」

ことがわかる。

しかし、これまで実施してきた大学との共同研究プロジェクトは現実的な事業に結びついているだろうか。多くの場合、答えはノーである。つまり、従来の仕組みや考え方の上で大学との連携を進めていっても、結果が出ない可能性が高いのである。近年、こうした課題を克服するため、大学と産業界が一体となって、組織的な産学連携の取り組みを始めており、今後はより事業化の確率が高まっていくことが期待されるが、**「知の具現化」の担い手として、そもそも大学も大企業もふさわしくない**というケースが増えているということにも注目しておかなければならない。

知の創造拠点としての大学は確かに魅力的ではあるが、企業が望んでいるのは具現化された知であり、企業が大学と連携する目的は、大学が創造した知を自社のリソースと融合させることでいち早く商業化し、売上や利益に結びつけることにある。大学や企業の他に、大学が創造した知を獲得して、「知の具現化」と「知の商業化」を進めようとする**適切な担い手（＝大学発ベンチャー）が存在するのであれば、大企業はそちらと手を組む方が理にかなっている。**

(2) 知の具現化・商業化に最適なベンチャーという仕組み

製品やサービスが複雑でなく、また、ＩＴやソフトウェアが付加価値の多くを占めていなかった時代には、「知の具現化」も大企業が担うことが可能で、また、それが合理的であった。しかし、昨今の経営環境の変化は、知の創造のみならず、「知の具現化」においても、我が国企業を苦しめている。

それに加えて、次期の売上や利益に関する業績予想の開示がなされている上場会社の場合には、足元の業績の悪化により、イノベーション関連活動が安定的に実行できないといった問題も引き起こしている。何らかの理由により足元の業績が悪化したとき、短期的、中期的な売上や利益に結びつかないイノベーション関連活動には見直しが入ることが多く、「知の創造」や「知の具現化」の活動の継続が困難になったり、そうした活動に関与している従業員のモチベーションの低下を招いたりするからである。

上場会社が行う業績予想の開示は、上場会社自身が投資家に対して業績の見通しを示すものであり、投資家とのコミュニケーションツールとしての有用性は高い。しかし、上場会社の経営者の中には、開示した業績予想は必ず達成されるべき目標であるとのプレッシャーを感じる者も多く、結果的に短期的な売上や利益を優先させてしまう。また、四半期業績の開示も投資家が短期的な業績に目を向けざるを得ない状態を生んでおり、短期志向の経営に向かわせる一因になっていると考えられる。

一方、ベンチャー企業の場合はどうだろうか。ベンチャー企業は、上場会社のように広く社会から投資を募っているわけではなく、その株主は、ベンチャー企業の経営陣や経営陣と意を通じている仲間が中心で、投資家もベンチャーキャピタル（Venture Capital・以下、「VC」という）が主であるため、中長期志向でイノベーション関連活動を行うことで企業価値を高めて欲しいと考えているメンバーのみで構成されている。もちろん、広く社会に対して業績予想を公開することも四半期決算を公開することもない。ベンチャー企業においては、株主、役員、従業員、さらには取引先やアライアンス先に至るまで、全ての利害関係者が、そのビジョンやミッションに共感し、中長期志向で描かれた事業計画を実現することに期待し、コミットしている者で固められているため、短期志向に走ることなく、目的に一直線に向かっていくことができるという強みがある。**すなわち、「知の具現化」や「知の商業化」を推進していく上で、ベンチャー企業は最も障害の少ない担い手**といえる。

昨今、知の創造拠点である大学の周辺には数多くの大学発ベンチャー企業が存在している。これらの企業の多くは、大学の研究成果をもとに起業したテクノロジーベンチャーである。従来大企業が共同研究やライセンス契約によって獲得していた知を、大学発ベンチャーは創業間もない段階で譲渡やライセンス、さらには人材の採用といった形で獲得している。大学において創造された知のうち、事業可能性が高く、破壊的イノベーションに繋がるような知を獲得するためには、こうした大学発ベンチャーとの連携が有効かつ不可欠になってきている。

3　テクノロジーベンチャーの資金需要と資金調達手段

大学発ベンチャー等のテクノロジーベンチャーの場合、設立当初は研究開発を行うことが事業活動の中心であるため、売上が見込めないのが一般的だ。研究開発段階においても、アライアンス先企業との共同開発契約により研究協力金を得たり、ライセンス契約により契約一時金やマイルストーンペイメントを得られたりすることもある。だが、そうした売上はスポットで発生するのみで、安定しないことが多い上に、会社の抱える固定費の全てを数年にわたって賄うほどの十分な金額でないことも多い。

そのため、テクノロジーベンチャーは、研究開発や事業化を推進していくための必要資金を外部から調達しなければならない。上場を果たすことができれば、上場時やその後の必要なタイミングにおいて、第三者割当増資による資金調達が可能になるし、金融機関からも有利な条件で借入れ等を行うことも可能となるが、そこにたどり着くための資金が必要であり通常その金額は少なくない。

当然のことながら、ベンチャー企業が必要とする資金の金額は、事業内容をはじめとする会社の状況によって様々であるが、売上やそれに対応する売上原価を除外すると、役員報酬や給与等の人件費、外注費、研究開発費、地代家賃等の一般管理費と、固定資産や知的財産権等の取得支出が主な内容だ。あくまでも一般的な参考値でしかないが、大規模なものづくりベンチャーであれば20億円程度、小規模なものづくりベンチャーでも10億円程度、創薬型バイオベンチャーであれば30億円程度、創薬支援型バイオベンチャーであれば10億円程度の資金が必要となる。

テクノロジーベンチャーの場合、この10億円〜30億円の資金をどう調達するかが創業直後からの大きな課題となる。ベンチャー企業であっても、資金調達手段はＶＣからの投資のみではない。企業家は、ＶＣからの投資を受けるという選択肢の他に（多くの場合はその前に）、会社の成長段階に応じて、自己資金、補助金・助成金、融資、エンジェル投資家による投資といった選択肢を検討し、資金調達を行わなければならない。

(1) 自己資金

会社設立時は企業家を含む創業者の自己資金を充てるしかない。安定的に経営を行うための株主構成を維持するという観点でも、最も株価の低い会社の設立段階は創業メンバーのみが投資する形が望ましい。企業家自身がかなりの資産家であり、10億円〜30億円という必要資金を全て自己資金で賄うことができればいいが、通常そのようなシナリオは描けない。

(2) 補助金・助成金

テクノロジーベンチャーにおいては、研究開発に対する国や公的機関等による補助金・助成金制度が活用できることが多いだろう。補助金・助成金の場合には、株式を取得されることもなく、一部の補助金を除いて通常は返済義務もないため、創業初期段階の資金調達の大きな助けになる。ただし、補助金・助成金にはそれぞれの政策目的があり、会社の事業計画と政策目的が合致していない場合には、会社の企業価値向上に繋がらず、リソースを有効活用したとはいえない結果となるため、留意が必要だ。また、補助金の中には、3分の2補助や2分の1補助など、対象となる支出の一部を会社自身が負担しなければならないケースもあり、ベンチャー企業が資金を有していないことで、結果的に十分な補助金を受けられないこともあるため、補助金・助成金のみを当てにするのでは成り立たない。

(3) 融資

一般的な中小企業の場合、会社設立直後に日本政策金融公庫の創業融資等を活用することが多く、その後も政策金融機関や民間の銀行からの借入れを行うことが一般的である。しかしながら、ベンチャー企業の場合、当面は赤字であり、キャッシュフローもマイナスであることから、借入れの返済期限までに返済できるかどうか不確実性が高く、仮に融資を受けることが可能であったとしても、融資によって資金調達することは推奨できない。返済期限において確実に返済できる見込みが立ったところで融資を活用すべきである。

(4) エンジェル投資

ベンチャー企業の支援者の中には、創業間もない企業に対し資金を供給するエンジェル投資家と呼ばれる個人投資家が存在する。過去に事業で成功した企業家や資産家がエンジェル投資家となっていることも多いが、高額所得者であるサラリーマンがエンジェル投資家として活動していることもある。

エンジェル投資家は、まだ事業計画が固まっていない段階や、経営チームができていない段階でも、企業家の熱意や事業のコンセプトに共感して投資を決定することがある。また、株価等の条件についても寛容で、自らの事業経験から企業家の良き指南役となってくれることも多い。そのため、創業間もない段階においては、エンジェル投資家からの投資によって資金を賄い、その後VCから投資を受けるベンチャー企業が増えている。ただし、エンジェル投資家から集められるのはせいぜい数千万円であり、必要資金を賄うには不十分だ。

創業間もないテクノロジーベンチャーは、上述の通り、自己資金、補助金・助成金、エンジェル投資家からの投資によって調達した資金をもとに、事業計画の立案、経営チームの組成、コアとなる知的財産権の取得またはライセンス、周辺技術の研究開発等を進め、自社のコアコンピタンスをしっかりと形成す

図表4-3　ベンチャー企業の資金調達手段

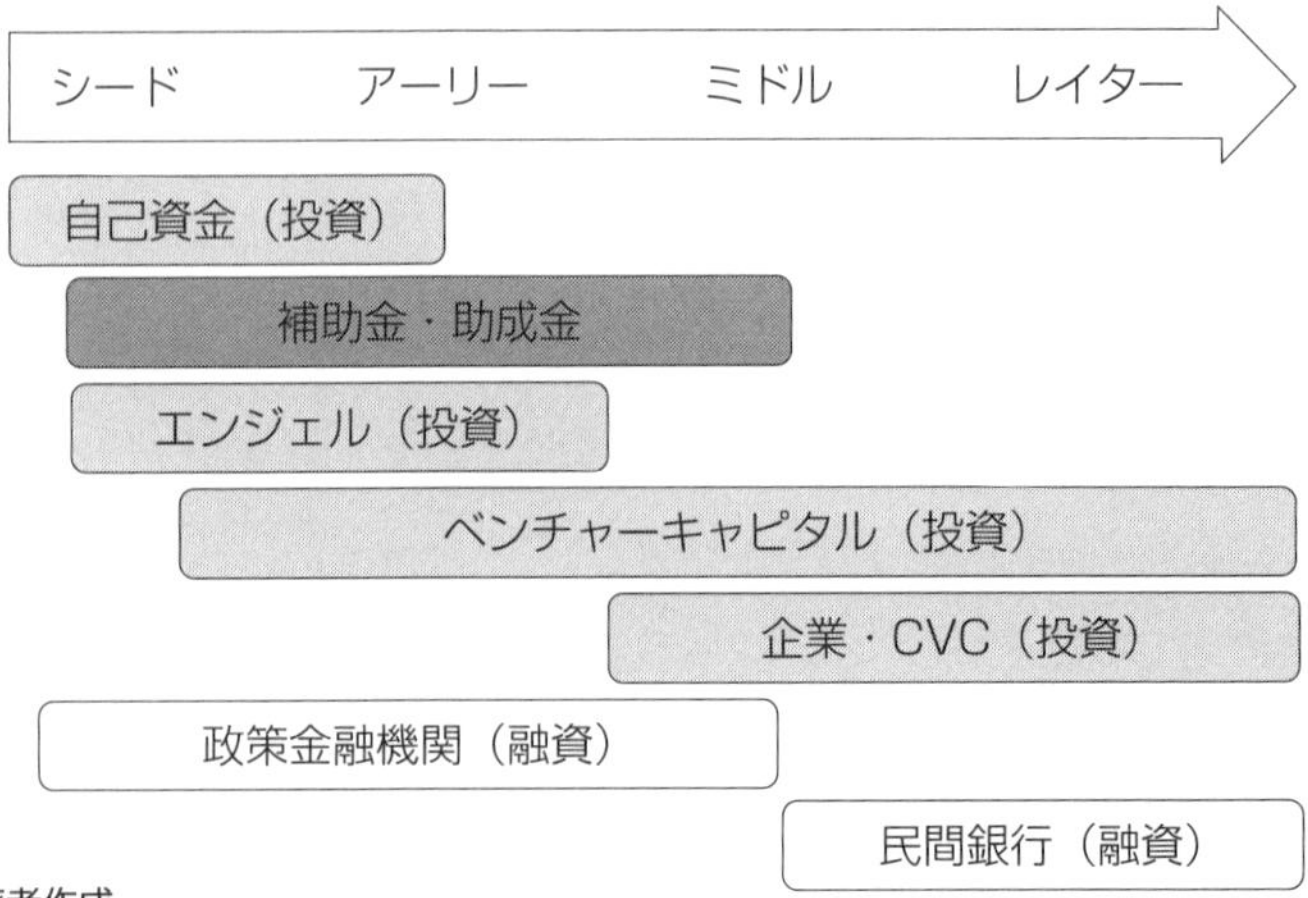

著者作成

る。しかしながら、通常ここまでに調達し支出した資金は、上場までの必要資金全体の10％程度に過ぎず、事業化にはまだまだ多額の資金を要する。そのため、残りの90％程度の資金を集めなければ事業化を実現させることができないが、まだ黒字化してキャッシュフローが安定的に入ってくる見込みは立っていないから融資を受けることはできない。よって、ＶＣから投資を受けることが不可欠となる。

4　ベンチャーエコシステムがイノベーションのカギ

企業家が革新的な技術やアイデアをもとにベンチャー企業を起業し、ＶＣ等の投資家がベンチャー企業に対して十分なリスクマネーを供給し、ベンチャー企業において革新的な技術開発、事業開発が行われ、そのベンチャー企業の株式が売却できるようになることでＶＣ等の投資家に投資の利益がもたらされる。その結果、ＶＣ等の投資家が新たなファンドを組成することができ、また新たな企業家に対して十分なリスクマネーを供給することができるようになる。このサイクルが**ベンチャーエコシステムであり、株式会社の仕組みを最大限活用して、ベンチャー企業が新産業を創出していくことができるよう作り上げられたメカニズム**である。

ベンチャーエコシステムはベンチャー企業の短期間での成長を支えるためのメカニズムであり、必ずしも大企業の新事業に繋げることを目的に成立、発展してきたわけではないが、ベンチャーエコシステムが正常に循環し、我が国の経済規模に合致する程度に大きくなれば、ベンチャー企業は新事業の苗床となり、その苗を産業界全体でしっかり育て、普及させていくことで、社会の大きな変化を創出できるようになる。その意味で、ベンチャーエコシステムは、イノベーションエコシステムでもあり、大企業も重要なキープレイヤーである。ベンチャーエコシステムの健全な発展のためには、各プレイヤーがそれぞれの役割やそこへの期待を理解して活動していくことが重要であるため、以下に主要なプレイヤーについて、ベンチャーエコシステムにおける役割や期待を整理しておきたい。

(1) ベンチャー企業

ベンチャー企業は、企業家が何らかの技術やアイデアをもとに会社を立ち上げ、革新的な製品、サービスを事業化しようとすることから始まる。例えば、大学で創造された知の事業化を目指す場合、大学で創造された知を

図表4-4　ベンチャーエコシステムの構成要素

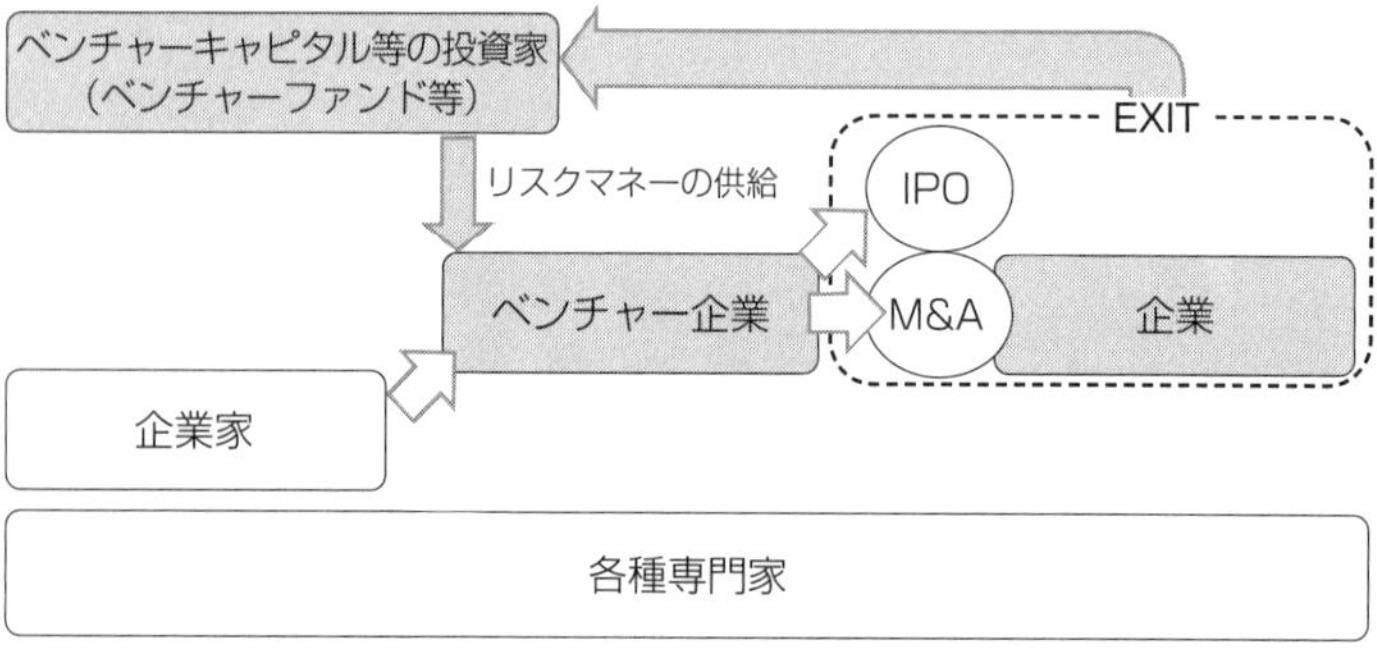

著者作成

獲得し、その「知の具現化」や「知の商業化」を進めようとするのが大学発ベンチャーである。ベンチャーエコシステムにおける最も重要なプレイヤーがベンチャー企業であることはいうまでもない。

ベンチャー企業の定義は明確でなく、時代によっても変遷しており、ここではあえて定義づけることは行わない。しかしながら、新たに創業した企業が全てベンチャー企業になるわけではないため、本章においては、以下の2つの要件を満たす企業をベンチャー企業と称することとする。なお、昨今このような企業をスタートアップと呼称するケースも増えてきているが、ここではベンチャー企業という用語を統一的に使用することとしたい。

①大きく急成長を目指す企業

ベンチャー企業は、自社の製品、サービスを広く社会に普及させたいと考えており、短期間で大きな成長を目指す企業である。技術やアイデアをもとに立ち上げた会社であっても、例えば、技術を活かして受託ビジネスを行う会社や、ノウハウを利用してコンサルティングを行う会社等で、創業メンバーが生活できる程度の売上を継続できればよいと考えている場合には、ベンチャー企業には該当しない。

②VC等の投資家から投資を受けた、または受ける予定がある企業

技術またはアイデアを事業化し、自社の製品、サービスを広く社会に普及させるためには、先行

投資が必要不可欠である。ＶＣ等の投資家からの投資を受けずに急成長を遂げた企業も多数存在するし、そのような企業の中にも一般的にベンチャー企業と称される企業は含まれているが、技術の事業化を推進していく場合、ＶＣ等の投資家の資金を必要としない企業は稀であり、また、手元資金や別事業のキャッシュフローの範囲内でのみ事業投資を行うのでは、競争に打ち勝つことはできないケースが多いと考えられることから、ＶＣ等の投資家からの投資もベンチャー企業に不可欠な要素である。

(2) VC等の投資家

ベンチャーエコシステムの構成要素において、ベンチャー企業と並んで重要なのはＶＣ等の投資家である。ベンチャー企業の経営は、ＶＣ等の投資家から投資を受ける前と後で全く異なってくる。ベンチャー企業は、ＶＣ等の投資家から投資を受けることで、ベンチャーエコシステムに組み込まれ、ガバナンス等を含め一段高いレベルでの経営を行うようになる。

ＶＣは、金融機関や事業会社等の投資家からベンチャーファンドへの有限責任組合員（ＬＰ）出資という形で資金調達し、調達した資金をベンチャー企業に投資する。そして、投資先の株式を売却して得られた資金を金融機関や事業会社等の投資家に分配することを業としている。

ＶＣは、ＬＰ出資者との関係でベンチャーファンドを運用する責任と権限を有しており、その活動の対価としてベンチャーファンドから毎年管理報酬を得ている。ＶＣの日常的な収益源はこの管理報酬である。ベンチャーファンドは10年等の期間を定めた有期契約であるため、組織法上も組合形態をとるのが通常である。組合契約に基づいてVCも無限責任組合員（GP）としてベンチャーファンドに対して出資を行うが、その出資割合は1％等にとどまる場合が多く、出資の分配のみではVCにとって魅力ある収益が得られないため、投資による利益（キャピタルゲイン）の20％等の金額を成功分配として受領できるようインセンティブを付与することが一般的である。

VCは、ベンチャーファンドが存続する期間は管理報酬を得ることができるが、3～5年ごとに新たなベンチャーファンドを組成していかない限り、新規の投資を行うことができなくなり、期間満了時には管理報酬も途絶えてしまう。つまり、3～5年の周期で、自らの投資実績や

図表4-5　ベンチャーキャピタルのビジネスモデル

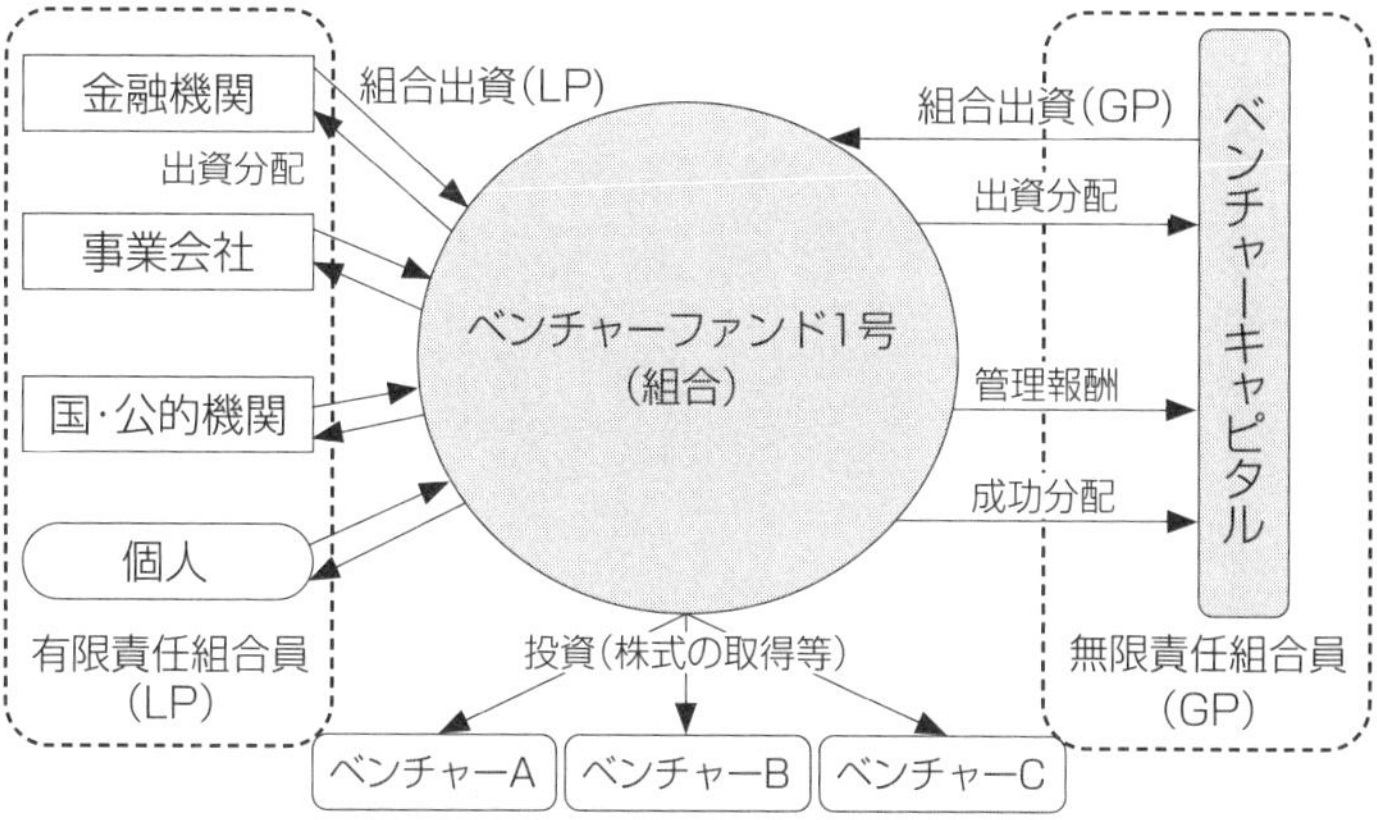

著者作成

活動実績を示すことでＬＰ出資者を含む投資家からの再評価を受け続け、高評価を受け続けたＶＣのみが継続して投資事業を行うことができているのである。景気変動の波にもさらされながら継続的に資金調達活動を行うことは決して容易ではないことが推測できる。

（3）企業（既存企業）

既存企業は、イノベーションの推進のためベンチャー企業やＶＣ等の投資家と連携したり支援したりしている。特にテクノロジーベンチャーの場合には、製造、販売といった領域において既存企業とのアライアンス構築は不可欠であり相互補完的である。もちろん、企業は、必ずしも大企業だけではなく、中小企業の場合もあるし、国内企業とも限らない。こうした企業の中には、アクセラレータープログラムを通じて自社のリソースやノウハウを提供する形でベンチャー企業を支援する企業もあり、ＶＣ等の投資家が得意ではない領域で実践的な支援を提供できる場合もあるため、ベンチャーエコシステムの発展に大きく寄与している。

こうした支援や連携の他に、既存企業は、ベンチャーエコシステムにおいて、以下の3点で特に重要な役割を果たしている。

①ＶＣが組成するベンチャーファンドへのＬＰ出資

ベンチャーファンドへのＬＰ出資は、ＶＣとベンチャー企業の資金調達に貢献しているといえる。

企業にとってもベンチャーファンドへのLP出資により、ベンチャー業界のインナーサークルに入ることが可能になるため、弱い繋がりではあるものの、自社にない領域での知の探索活動という観点では有効である。

②会社本体やコーポレートベンチャーキャピタル（以下、「CVC」という）からの投資

会社本体やCVCからの投資は、ベンチャー企業の資金調達や業務資本提携等のアライアンスに貢献しているといえる。過半数の株式を取得する等経営権を取得するほどには株式を取得しないものの、VC等の投資家と協調して投資を行うことになるため、ベンチャーファンドへのLP出資に比べ、ベンチャー企業やVC等の投資家とより強い繋がりを持つこととなる。M&Aで自社グループに取り込んでしまうよりはリスクも小さく、ベンチャー企業やVCとの協業、協調を継続するには適した手段ともいえる。

③事業シナジーのある有望なベンチャー企業のM&A

ベンチャー企業をM&Aで自社グループに取り込むことは、企業家及びVC等の投資家の投資回収という点で貢献している。

（4）各種専門家

ベンチャー企業の場合、インキュベーションの専門家、弁護士、税理士、公認会計士、証券会社、銀行、取引所、監査法人、各種コンサルタント等多くの支援者、専門家のサポートを受けることとなる。こうした専門家の中は、ベンチャー企業に特化したサービスを提供するなど、高い専門性を有している者もいて、ベンチャーエコシステムの維持と発展を下支えしている。

5　投資の出口はＩＰＯかＭ＆Ａか

（1）ＶＣの強みと特徴

ＶＣは多くのベンチャー企業を支援してきた経験を持っており、毎日のように新たな企業家や新たな事業計画に触れる機会を有している。ＶＣと付き合う主な目的は投資を受けること、つまり資金調達であることはいうまでもないが、ＶＣの持つ業界のネットワークや情報、新規事業立ち上げに関する経験、ガバナンスや内部管理に関する知見も、経験の少ない企業家にとっては大きな魅力であり、こうした面に着目して投資してもらうベンチャー企業も少なくない。

一方で、ＶＣは、金融機関や事業会社等の投資家からベンチャーファンドへの出資という形で資金調達し、調達した資金をベンチャー企業に投資し、投資先の株式を売却して得られた資金を金融機関や事業会社等の投資家に分配することを業としている。そのため、ＶＣがベンチャー企業の属する業界に精通しており、企業家以上に業界の知見や事業立ち上げに関する知見を有していたとしても、経営を行うのはあくまでも企業家であり、ＶＣは自ら経営を行う目的で投資することはない。また、ＶＣが企業家にとっての良きアドバイザーや指南役となることも多く、その存在はとても心強いが、投資元であるベンチャーファンドの期限前までには全ての株式を売却し、ほとんどの場合は役員としての経営への参画も解消される。

また、ＶＣは投資先の企業価値、すなわち株価を上げることで、株式の売却益（キャピタルゲイン）を得ることを目的に投資を行っており、配当（インカムゲイン）ねらいでの投資は行わない。例えば、1億円の投資で、この先10年間安定的に年1億円の売上が見込め、年2千万円の配当が得られる企業があったとしよう。このような企業は、一般的には魅力的な投資先といえるかもしれないが、このようにインカムゲインは期待できるがキャピタルゲインは期待できない企業への投資はＶＣの投資方針に合致しないため、ＶＣの投資対象にはならない。

(2) ＶＣ等から投資を受けることでベンチャーエコシステムの一員となる

ベンチャー企業は、ＶＣ等の投資家から投資を受けることで、ベンチャーエコシステムに組み込まれると述べたが、ベンチャーエコシステムに組み込まれるとはどういうことだろうか。

社会的に見れば、ベンチャー企業に期待される役割は、技術やアイデアを事業化して世の中に普及させることや、売上や利益といった業績を伸ばしていくことである。しかしながら、ベンチャーエコシステムにおいて期待されている役割はそれだけではない。ベンチャーエコシステムにおいてベンチャー企業が担っている重要な役割は、ベンチャーエコシステムを循環させることにあり、VC等の投資家が投資先であるベンチャー企業の株式を取得時よりも高い金額で売却し、売却して得られた資金を金融機関や事業会社等ベンチャーファンドのLP出資者に分配できるようにすることである。ベンチャー企業の事業がうまくいったとしても、当該ベンチャー企業に投資したVC等の投資家がその株式を売却できなければ、ベンチャーエコシステムは循環していかないからだ。

このように、VC等の投資家が、投資によって取得した株式を売却し投資回収することを、出口という。出口は、まさに投資を受けたら、それを資金にお戻しできるようにする、という意味である。VC等の投資家が投資回収したとしても、当然にベンチャー企業やその事業は継続しており、企業家も継続的に経営に関与していることが多いため、出口という言葉に違和感を持つケースもあるようだが、ここでの**出口の概念はあくまでも投資家から見た投資の出口を意味する。**

VCから投資を受けようとしている段階や、VCから調達した資金を使って赤字決算を続けながら事業化に向けて邁進している段階では、全ての企業家が出口を意識し、それを約束して資金調達を進めている。しかし、ベンチャー企業の事業がうまくいき十分な業績を上げるまでに成長したとき、企業家の気持ちが変わった等の理由で出口を拒否するケースも稀に出てくる。その理由は様々であり、一概には否定できない面もあるかもしれないが、**このような企業家が増えてしまうとベンチャーエコシステムは崩壊してしまう。**VC等の投資家から投資を受ける以上、出口を目指し、それを実現することは企業家の責務である。出口に向けた戦略は、VC等からの投資を受ける時点でしっかり考え覚悟することが必要であろう。

（3）出口はIPOかM&A

VC等の投資家から投資を受けた場合、企業家は投資の出口を実現する責務を負う。出口の手段には多くの実績が存在するが、VC等の投資家から投資を受ける最初の段階で志向する**選択肢はIPOかM&Aのどちらか**である。

IPOとは、Initial Public Offering の略で、未上場会社が新規に株式を株式市場に上場し、新たな投資家が株式を取得することを意味する。IPO後は、株式市場において誰もが株式を売買できるようになり、上場前に投資したVC等の投資家は、取得した株式を現金に換えることができるようになることから、投資家による投資も出口を迎えることができる。投資家は、上場時の売出しや、ロックアップ期間経過後における株式市場での売却により、投資回収を行う。

M&Aとは、Mergers & Acquistions の略で、合併と買収を意味する。合併とは、2つ以上の企業が契約により1つの企業になることであり、買収とは、他の企業を支配する目的で発行済株式の過半数を取得する、または、事業を取得することをいう。M&Aの態様については後述するが、現金を対価とする合併または株式譲渡、もしくは上場会社の株式を取得する株式交換が成立した場合、投資家は投資回収を行うことができる。

6　ベンチャー企業の出口戦略

ベンチャー企業の出口戦略の根幹を成すのがIPOとM&Aである。VC等の投資家から投資を受けたベンチャー企業は、出口を目指すことが責務となるが、企業家やベンチャー企業はどのような考え方でIPOを目指すか、M&Aを目指すかを判断することになるのか。ここでは、IPOとM&Aそれぞれの利点、懸念点を整理し、その実績を確認した上で、企業家から見た出口戦略のあり方について考察していく。

(1)　IPOの利点と懸念点

ベンチャー企業から見たIPOの利点は、主に以下の通りである。

①資金調達能力と財務体質の強化

ベンチャー企業は、IPOやその後の必要なタイミングにおいて、第三者割当増資による資金調達が可能となる。また、金融機関からより有利な条件で借入れ等を行うことも可能となる。

②企業信用力と知名度の向上による営業力の強化

ベンチャー企業は、IPOによって、上場会社としての企業信用力を得ることができ、また、知名度の向上によって、営業力が増し、新規の取引に結びつきやすくなり、取引条件等の交渉をより優位に進められるようになることが期待できる。

③優秀な人材の確保と役員・従業員の士気高揚

ベンチャー企業は、IPOによって知名度や信用力が向上することで、優秀な人材の獲得、確保がしやすくなり、また、役員や従業員の士気を高めることが期待できる。

④ストックオプションの活用

ベンチャー企業は、IPOを目指すことによって、上場前には十分な報酬で報いることができない役員・従業員に対して、ストックオプションを発行し、企業価値向上に対するインセンティブを付与することができる。また、上場後においても、ストックオプションの活用が可能となる。

⑤経営管理の組織化と内部管理体制の充実

IPOを目指す場合、ベンチャー企業は、その準備の過程で、会社経営のより効率的かつ効果的な運営、ガバナンスやコンプライアンスを重視した内部管理体制の整備が求められる。結果的に、信用失墜に繋がるような内部管理の崩壊や社内不正の発生を予防・発見できる内部管理体制を構築することができる。

VC等の投資家を含むベンチャー企業の株主から見たIPOの利点は、主に以下の通りである。

①株式の流通性の増大

株主は、IPOによって、上場時の売出しや、ロックアップ期間経過後における株式市場での売却により、投資回収を行うことができるようになるため、未上場の場合と比べて株式の流通性が増大する。

②株式の公正な価格形成

株式市場のメカニズムにより、株式の公正な価格形成が図られる。

③株式の資産価値の増大

株式の流通性の拡大によって、株式の資産価値が高まることが期待できる。

④円滑な事業承継と相続対策

株式の相続税評価額が多額になってしまうと、相続人は相続税の納税資金で苦労することになる。IPOによって株式に換金性を付与することは、相続人の助けになり、事業承継対策としても大きな意味を持つ。

一方で、ベンチャー企業及び株主から見たＩＰＯの懸念点は、主に以下の通りである。

①多額の追加コストの発生

ＩＰＯするためには、企業内容の開示義務の増大や事務負担の増加に対応した内部管理体制を構築することが必要となる。また、ガバナンス体制や内部統制整備のための人員増も不可欠である。さらに、監査法人や証券会社等に対する報酬も生じることから、一般的には合計で年間５千万円～１億円以上の追加コストが発生することになる。

②ＩＰＯまでは3年以上かかる

仮に優良企業であっても、すぐにＩＰＯすることはできない。ＩＰＯの際には、上場申請しようとする事業年度の直前２事業年度について、監査法人等による監査証明が必要となるためである。ＩＰＯ準備に入ってからＩＰＯまでは少なくとも3年程度の期間が必要となるため、短期的に投資回収を図ることはできない。

③全ての株式を売却することは不可能

株式市場において一度に多くの株式を売却すると、株価が暴落する懸念が生じる。また、安定した経営を行うためには、一定の議決権を安定株主で確保していくことも考えていかなければならない。そのため、上場会社になったとはいえ、創業者を含む大株主は、全ての株式を売却することはできない。

④業績達成や企業価値向上へのプレッシャー

ＩＰＯ後は、株主や社会からの業績予想の達成や企業価値向上へのプレッシャーを受けることになる。そのため、短期志向で経営がなされてしまう可能性がある。

⑤敵対的買収の対象となるリスク

ＩＰＯ後は、株式市場において自社株式が自由に取引されることになる。そのため、敵対的買収等株式の買占めにより経営権が侵害されるリスクが生じる。

(2) M&Aの態様と出口

M&Aの態様には、合併、株式譲渡、第三者割当増資、株式交換、事業譲渡等がある。それぞれの手法の説明は以下の通りである。なお、説明の便宜上、合併、買収の区別なく、M&Aする側の企業を買収企業、M&Aされる側の企業を被買収企業と表現する。

①合併

2つ以上の企業が契約により1つの企業になる方法。被買収企業の株主が保有する全ての株式を買収企業に拠出し、当該株主がそれに見合う買収企業の株式または現金等の財産を取得する。

②株式譲渡

被買収企業の株主が保有する株式を買収企業に譲渡する方法

③第三者割当増資

被買収企業が新たに発行する株式を買収企業が取得する方法

④株式交換

被買収企業の株主が保有する全ての株式を買収企業に拠出し、当該株主がそれに見合う買収企業の株式を取得する方法

⑤事業譲渡

一定の事業目的のために組織化された有機的一体としての機能を有する財産（事業用財産である物及び権利だけでなく、これに得意先関係、仕入先関係、販売の機会、事業上の秘訣、経営の組織

図表 4-6　M&Aの態様

合併		2つ以上の会社が契約により1つの会社になる方法
株式取得	株式譲渡	被買収会社の株主が保有する株式を買収会社に譲渡する方法
	第三者割当増資	被買収会社が新たに発行する株式を買収会社が取得する方法
	株式交換	被買収会社の株主が保有する全ての株式を買収会社に拠出し、当該株主がそれに見合う買収会社の株式を取得する方法
事業譲渡		一定の事業目的のために組織化された有機的一体としての機能を有する財産を譲渡する方法

著者作成

図表 4-7　事業に必要な機能とベンチャーの得意領域

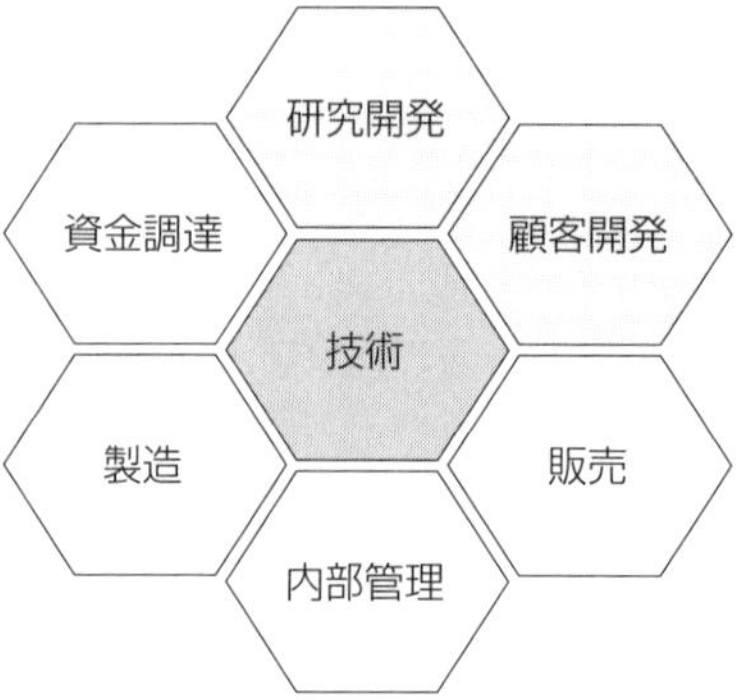

著者作成

等の経済的価値のある事実関係を加え、一定の事業目的のために組織化され有機的一体として機能する財産）を譲渡する方法

ここで、ＶＣ等の投資家にとって重要なのは、株式が換金されるか、すぐに換金できる状態になることである。その意味で、投資の出口として成立するのは、現金を対価とする合併または株式譲渡、もしくは上場会社の株式を取得する株式交換となる。事業譲渡はベンチャー企業に収益や利益をもたらすこととなるが、ＶＣ等の投資家が保有している株式は換金されないため、投資家にとっては出口にならない。

我が国の場合、Ｍ＆Ａというと良くないイメージを持つ方も多いかもしれない。しかしながら、テクノロジーベンチャーの経営者にとって最も重要なことは、自社の技術やアイデアの事業化を成功させ、広く社会に普及していくことにあり、その実現のために**Ｍ＆Ａでの出口を選択することは決して失敗ではなく、むしろ合理的である場合もある。**

テクノロジーベンチャーが事業を拡大させていくためには、研究開発、顧客開発、試作品製造に加えて、量産化、購買、製造、品質管理、販売、資金調達、内部管理さらには海外展開等の機能が必要となってくるが、これら全てを自社のみで対応していくことは容易ではない。テクノロジーベンチャーが本来得意としている領域は、研究開発や顧客開発であって、その他の領域は、むしろ既存企業が得意とするところである。実際に、ほとんどのテクノロジーベンチャーは、製造、販売に

ついて既存企業とのアライアンスを構築しており、このような機能を備えた大企業や中小企業があらゆる分野において存在していることは、我が国のテクノロジーベンチャーにとっても大きなアドバンテージとなっている。

ＩＰＯによる出口を目指すテクノロジーベンチャーにおいても、既存企業とのアライアンスの構築は必要不可欠であり、テクノロジーベンチャーの出口の選択肢にＭ＆Ａが加わってくるのは自然なことといえる。

（3）Ｍ＆Ａの利点と懸念点

ベンチャー企業から見たＭ＆Ａの利点は、主に以下の通りである。

①買収企業の持つリソースを活用

ベンチャー企業は、買収企業の持つリソースを活用して事業を維持、発展させることができる。特に自社の属する業界における技術革新のスピードが速く、破壊的イノベーションが繰り返されている場合には、次々と生じる変革に対応するために、既存企業の傘下に入り、そのリソースを活用することが将来の事業の維持、発展に有効である場合も少なくない。

②研究開発や顧客開発等に専念

ベンチャー企業は、製造、販売、資金調達、内部管理等の機能を備えることやそのマネジメントから解放され、本来得意としている研究開発や顧客開発等に専念することができる。

③現状に合った内部管理体制で十分

上場審査においては上場の直前期の段階から上場会社並の内部管理体制の運用が求められ、また、監査法人や証券会社に対する報酬も生じるが、M＆Aでの出口を目指す上では、会社の現状に合った内部管理体制の整備・運用で十分である。

④財務体質等の強化

M＆Aによって優良企業の傘下に入る場合、結果的にベンチャー企業の企業体質が強化される。特に、テクノロジーベンチャーの場合、中核となる研究者が、販路開拓や資金調達といった課題から開放されることで、事業化のスピードが早まることが期待できる。

⑤IPOのような期間の制約がない

IPOの場合は、3年以上の期間を要するが、M＆Aの場合には投資後すぐに成立することも考えられる。また、M＆Aの成立後に即現金を得ることができる点も利点である。

また、ＶＣ等の投資家を含む株主から見たＭ＆Ａの利点は、主に以下の通りである。

①ＩＰＯのような期間の制約がない

ＩＰＯの場合は、３年以上の期間を要するが、Ｍ＆Ａの場合には投資後すぐに成立することも考えられる。また、Ｍ＆Ａ成立後に即現金を得ることができる点も利点である。

②全ての株式を売却することが可能

ＩＰＯの場合は、株価暴落の防止や安定株主確保の観点から、創業者を含む大株主は、全ての株式を売却することはできないが、Ｍ＆Ａの場合には全ての株式を売却することも可能である。

③円滑な事業承継と相続対策

株式の相続税評価額が多額になってしまうと、相続人は相続税の納税資金で苦労することになる。Ｍ＆Ａによって自社株式を換金する、または、換金性を付与するということは、相続人を助け、事業承継対策として大きな意味を持つ。また、後継者がいない場合でも、Ｍ＆Ａによって事業を継続できるという利点もある。

一方で、ベンチャー企業及び株主から見たＭ＆Ａの懸念点は、主に以下の通りである。

①経営への関与の希薄化

M&A後においては、被買収企業の経営者が買収企業の役員になるとは限らない。そのため、経営株主であった企業家は、株主としての権利を失うのみでなく、経営への関与も希薄になる可能性がある。

②シナジー効果の欠如

M&Aの交渉時に見込んでいたシナジー効果が期待していたほどには発揮されず、場合によっては事業継続自体が難しくなる可能性がある。

③役員、従業員の士気の低下

双方の企業文化の相違や処遇の悪化等から、役員、従業員のモチベーションが低下し、最悪の場合は大量退職といった事態に至ってしまう可能性がある。

7　出口の実際

では、実際の出口の実績はどうだろうか。これまで、出口にはIPOとM&Aがあると説明してきた。企業家がVC等からのリスクマネーを受ける時点で意識すべき出口戦略はこの2つに絞られるが、ＶＣは株式を売却してベンチャーファンドのＬＰ投資家に現金を分配する必要があるため、ファンドの満期が近くなると、ＩＰＯやＭ＆Ａのみならず様々な手段で株式の換金を目指すこととなる。

（１）ＩＰＯやＭ＆Ａ以外の出口

そのため、実際の出口には、ＩＰＯやＭ＆Ａの他、会社経営者等による買戻し、第三者への株式売却、償却・清算等様々なケースが存在する。償却・清算の場合は投資額がほとんど回収できないため、うまくいかなかったケースといえるが、会社経営者等による買戻しや、セカンダリーファンドや取引先等Ｍ＆Ａ以外の株式売却は、必ずしも全てがうまくいかなかったケースとも限らない。

特に、後述する図表４―９の通り、会社経営者等による買戻しによってＶＣが投資の利益を得ているとの統計も示されており、うまくいったケースとは言い難いが、会社経営者等による買戻しがＶＣにとって有効な出口手段となっていることは否定できない。しかしながら、ＩＰＯやＭ＆Ａ以外の出口は、いずれも当初の見込みとは異なる結果を迎えていると見るべきであり、ＶＣから投資を受けた企業家は、十分な利益を得られる株価でＩＰＯまたはＭ＆Ａによって出口化することを期待されている。

（2）出口件数の実績

ＩＰＯ及びＭ＆Ａに絞って出口件数を見てみると、我が国においてＶＣ（直接投資及びファンド）の投資先のうち、ＩＰＯで出口化する会社は例年65％～70％程度、Ｍ＆Ａで出口化する会社は例年30％～35％程度となっており、ほとんどがＩＰＯによる出口となっている。

リーマンショック等ＩＰＯ市場に大きな悪影響が出た年にはＩＰＯ件数が大きく減少するため、この割合も大きく変動してしまうが、ＩＰＯ件数が90件前後で安定していた２０１５年度から２０１８年度にかけては概ねこの比率で推移している。

（3）出口金額の実績

次に、投資のリターンの観点はどうだろうか。我が国のＶＣがファンド及び直接投資により投資した先の２０１８年度（２０１８年４月～２０１９年３月）の出口形態別の損益は、図表４－９の通りである。本統計によると、ＩＰ

図表4-8　我が国の出口割合（件数ベース）

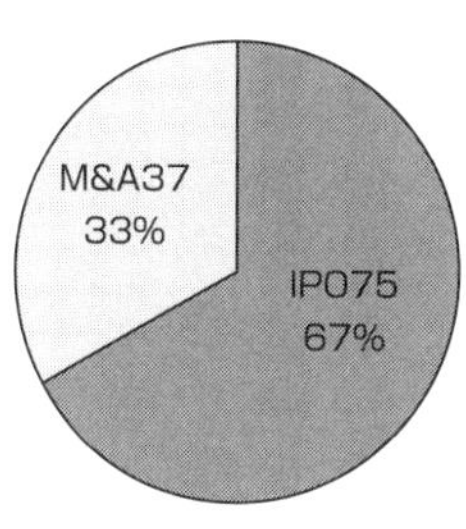

出所：『ベンチャー白書 2019」一般財団法人ベンチャーエンタープライズセンター

Oによる出口は、投資額312億円に対して980億円の利益を生んでいる（評価損益も含む）のに対し、M&Aによる出口は投資額51億円に対して49億円の利益を生むにとどまっている。

投資から出口までの期間が明らかでないため、投資効果は単純に比較できないが、M&Aにおいても投資額の約2倍のリターンが得られていることは評価できるものの、IPOの場合は投資額の約4倍のリターンが得られていることから、**金額の規模、投資倍率の双方の観点で、我が国においてはM&AよりIPOの方が投資パフォーマンスに優れているといっていいだろう。**

このように、我が国においては、企業家やVC等の投資家もIPOによって投資の成功体験を得ているケースが多いといえる。また、過去のIPO実績やトレンドの分析から、証券会社や取引所による助言や情報提供も十分に行われており、東証マザーズやJASDAQ等の新興市場に上場するための要件が予測可能であることも、

図表4-9　我が国の出口割合（金額ベース）

		2018年4月〜2019年3月							
		件数		期初簿価		実現損益額		含み損益	
株式公開		75	件	31,297	百万円	73,165	百万円	24,850	百万円
セカンダリーファンドへの売却		20	件	74	百万円	400	百万円		
その他第三者への売却	M&A	37	件	5,177	百万円	4,952	百万円		
	その他	84	件	11,601	百万円	9,376	百万円		
償却・清算		28	件	1,545	百万円	-1,574	百万円		
会社経営者等による買戻し		82	件	3,053	百万円	10,150	百万円		
その他		29	件	1,406	百万円	-314	百万円		

サンプル社数：110社

出所：『ベンチャー白書2019』一般財団法人ベンチャーエンタープライズセンター

ＩＰＯを目指しやすくしているプラス要因であると考えられる。

さらに、投資元の大手企業が投資先ベンチャーのＩＰＯによって、多額のキャピタルゲインを得ていることも見逃せない。

(4) 日米の出口件数の比較

ここで出口の割合について、米国の状況と比較してみたい。我が国の２０１８年度の実績と米国の２０１８年(暦年)の実績を比較してみると、我が国はＩＰＯが67%、Ｍ&Ａが33%であるのに対し、米国はＩＰＯが10%、Ｍ&Ａが90%となっており、その割合は全く異なっている。まず注目して頂きたいのはＩＰＯの件数である。ＩＰＯの件数は我が国が75件に対して米国が85件と日米でほぼ変わらない。にもかかわらず、その割合が逆転しているのは、明らかにＭ&Ａの件数が圧倒的に少ないからである。

図表4-10　日米出口割合比較（件数ベース）

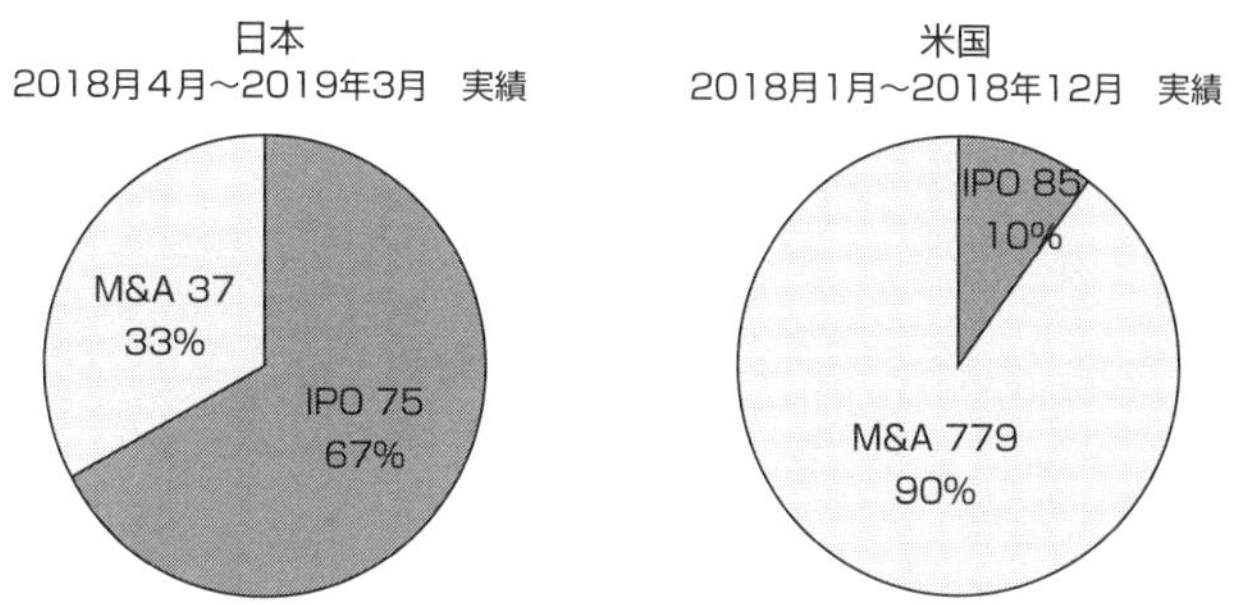

出所：『ベンチャー白書 2019』一般財団法人ベンチャーエンタープライズセンター

この点については、日米の文化の違いを指摘する声もあるが、企業活動はグローバルに展開しておりグローバルな競争環境にさらされていることも事実である。M&A件数の圧倒的な少なさが我が国企業のイノベーションによる発展を阻害し、我が国からの新産業創出のスピードを相対的に低下させている可能性が高い。また、M&Aでの出口が少ないということは、リーマンショックやコロナショック等でIPO市場に悪影響が出たときにベンチャー投資に係る出口件数が一気に減少し、ベンチャーエコシステムが縮小する虞があるという我が国ベンチャーエコシステム自体の脆弱さにも繋がっている。M&Aでの出口を質量ともに増やしていくことが、我が国における重要な課題である。

8 ベンチャー経営者から見た出口戦略

(1) 経営者が最優先すべきは事業の観点

出口の選択肢であるIPOとM&Aの利点と懸念点、さらには統計に基づいた実績を見てきたが、両社を比較した場合、M&AにはIPOのような期間の制約がなく、また、株式市場の状況に左右されることなく出口を迎えられることは投資家から見た優位な点といえる。

一方で、会社や経営者から見て最も重要なことは、事業を世の中に広げ、持続的に発展させていくことであり、企業家は事業の観点を最優先で判断することとなる。ベンチャー企業は何らかの社会課題を解決するために立ち上げた事業を世の中に広めることを最大の目的としており、そのために企業家が一念発起して経営してきたのだから、IPOやM&Aによって企業家をはじめとする株主が経済的に莫大なリターンを得たとしても、その事業が世の中に広がらないのであれば、それは成功とはいえないからだ。

仮に、自社がIPOして成長を目指すよりも、どこかの企業グループに入ってそのリソースを活用していく方が、事業を世の中に広げ、持続的に発展させていくことに繋がるとか、シナジー効果でより魅力ある事業になっていくというのであれば、M&Aでの出口を選択することが合理的な判断ともいえる。逆に、他の企業グループに入ることが、事業化の芽を摘む結果になる可能性が高いのであれば、難しい選択肢であっても、IPOして自ら果敢に事業化を推進していく選択肢をとるべきであろう。

(2) 事業進捗と出口戦略の変化

成長性の高い事業を創業する経営者は、当初からIPOを意識して事業を開始することが多い。VCから投資を受ける必要があるとか、広く投資家から資金を募りたいといった明確な理由がある場合もあるが、社会課題解決を志して起業する経営者は、会社の事業も持続可能でなければならないと考えるからだ。そして、ベンチャー企業支援者やエンジェル投資家、VCといった関係者と出会うにつれ、出口としてのIPOをより強く意識するようになる。

こうした考えのもと、シード期やアーリーステージ期において第三者割当増資により資金調達をし、事業化に向けたタスクをこなしていったとしても、研究成果は出ているにも関わらず、マーケティング、製造、販売がうまくいかず、事業が順調に立ち上がらないといった壁にぶつかることもある。このような壁にぶつかった際には、人材や知的財産（ノウハウを含む）を求める企業によるM＆Aを志向することになるだろう。仮に、事業のバトンを受け取ってくれる相手先が見つからなかった場合には、経営者による株式の買取りを含む様々な出口手段を検討せざるを得なくなる。

次に、事業は順調に推移してきたものの、ある企業グループに入った方がより事業を成長させられることが見えてきたり、また別のある企業グループに入った方が今後の環境変化に円滑に対応することができ、企業や事業の継続性が担保できることが見えてきたりする場合がある。その際には、既にアライアンス関係にある企業等シナジー効果のある企業によるM＆Aを意識することになる。もちろん、IPOして自らこうした困難を打開していくことや、チャレンジ精神をもっ

図表4-11　VCの期待利回り

ステージ	定義（参考）	期待利回り
シード	商業的事業がまだ完全に立ち上がっておらず、研究及び製品開発を継続している企業	50-100%
アーリー	製品開発及び初期のマーケティング、製造及び販売活動を始めた企業	40-60%
エクスパンション	生産及び出荷を始めており、その在庫または販売量が増加しつつある企業	30-50%
レイター	持続的なキャッシュ・フローがあり、IPO 直前の企業	20-35%

著者作成

てベンチャー企業を経営していくことも極めて重要である。

一方で、様々な要因を総合的に判断して、ある企業グループに入ることが事業の観点から最適な選択肢だと考えるのであれば、勇気のいる決断になるかもしれないが、当該企業グループに入ってそのリソースを最大限活用する道を選ぶことも合理的な決断である。しかしながら、こうした決断の末、両社の経営者同士がM＆Aに前向きになったとしても、株価等の条件が折り合わず株主総会の承認が得られない場合もある。

VC等の投資家は、図表4－11に示すような期待利回りを上回る投資リターンを求めており、特に直前の株価よりも低い株価でのM＆Aが成立してしまうと、損失を被る株主が出てくるためである。その場合は全ての株主にとって不利益にならないよう株価等の条件を再検討することとなるが、結果として条件が折り合わない場合には改めてIPO志向に戻ることとなる。

もちろんIPOも極めて高いハードルを越える必要があることはいうまでもない。IPOにあたっては、形式要件を満たした上で、継続性、収益性、成長性、健全性等の観点から上場会社にふさわしいかどうかを審査する実質審査基準をクリアしなければならない。収益性や成長性といった何らかの理由でIPOすることが不可能である場合には、M＆Aや経営者による株式の買取りを含む様々な出口手段を検討することが必要となる。

9　オープン・イノベーションの時代

昨今、イノベーションの新しい潮流として定着しつつあるオープン・イノベーションは、2003年に当時ハーバード大学の教員であったチェスブロウ博士によって提唱された概念である。

チェスブロウ博士は、1983年から1990年までの間、ハードディスクドライブを開発・製造するベンチャー企業であったクアンタム（1980年設立）に在籍し、事業開発担当として、破壊的イノベーションによって勝者が次々に入れ替わる状況を経験した実業家でもあった。チェスブロウ博士の定義によれば、**オープン・イノベーションとは、組織内部のイノベーションを促進するために、意図的かつ積極的に内部と外部の技術やアイデアなどの資源の流出入を活用し、その結果組織内で創出したイノベーションを組織外に展開する市場機会を増やす**ことである。

ここでは、オープン・イノベーションの必要性や考え方、具体的な進め方について、主に既存企業が、イノベーションの担い手として機能し、22世紀に向けた変革の時代を乗り越えていくための処方箋について考察する。

（1）M&Aを最大限活用する経営

米国のGoogle, Apple, Facebook, Amazon（いわゆるGAFA）や、中国のバイドゥ、アリババ、

テンセントのようなプラットフォーム企業は、自社開発と同時にベンチャー企業への投資も積極的である。２０１１年から２０１８年までのＧＡＦＡによるＭ＆Ａ社数は、合計で４００社を超えており、特にGoogleによるＭ＆Ａ社数はそのうちの約50％を占めている。

例えば、Googleの場合、当初は自社サービスを周辺に拡充していくためにYouTubeのような会社を買収していたが、２０１３年にはBoston DynamicsやSHAFT（東京大学発）を含む7社のロボットベンチャーを同時期に買収してロボット事業を立ち上げる等、この頃から新規事業立ち上げにもＭ＆Ａを積極的に活用するようになったといえる。その後もＡＩ、ＶＲ／ＡＲ、ウェアラブル端末といった新規事業領域でベンチャー企業への投資を続けている。

こうした動きはＩＴ業界にとどまらない。製薬業界や医療機器業界においても、特許切れによる売上の低下や研究開発目標の変化等を契機に、様々な技術やアイデアで立ち上がるベンチャー企業を積極的にグループ内に取り込み、新たな事業として展開していくオープン・イノベーションが定着してきており、自動車、エレクトロニクス、素材等あらゆる分野にこの動きは広がっている。

(2) ベンチャー企業を買収する意義

大企業がベンチャー企業を買収する意義は、主に以下の通りである。

①自前主義よりリスクがない

ベンチャー企業が有している技術やベンチャー企業が行っている事業について、大企業の研究開発部門や事業部からは、自社でも開発できる技術であるとか、自社でも立ち上げられる事業であると評される場合もあるだろう。しかし、実際に自社でやってみると、技術的な課題をクリアできず、事業化できない可能性もある。既にできている事業を買収することで手に入れられれば、そのリスクを負うことはない。

②時間を買う

ベンチャー企業が有している技術や事業を、自社で開発・事業化することができたとしても、自社の研究開発部門等で行ったのでは時間がかかってしまう。競合他社との事業化の競争に勝つためには、買収によって時間を買う方が効果的である。

③優秀な人材の獲得

昨今では、優秀な学生はベンチャー企業への就職を志望したり、起業したりするようになってきている。特に、ＡＩやバイオテクノロジー等の新領域において、大企業が直接優秀な人材を採用することは難しい。また、今後必要となるものの、大企業で育成することが難しいとされているイノベーション人材やオープン・イノベーションを推進するための人材も、ベンチャー企業の在籍者であればフィットすることが多い。こうした優れた人材の獲得もベンチャー企業買収の意義の1つである。

このような意義を踏まえると、時代の変化に合わせて持続的にイノベーションを生み出し続けるためには、**自社に研究開発部門を持ちつつも、そこに過度に依存することなく、M&Aという選択肢を有しておくことが必要である**ことが理解できるであろう。また、魅力あるベンチャー企業からM&Aの話が持ち込まれた場合、自社がそれを受け入れなければ、海外企業を含む競合他社の傘下に入り、**将来の脅威**となることも想定しておかなければならない。

Googleのように資金力もあり、研究開発を含む多くの優秀な人材を擁する大企業であっても、自前主義の限界を認めた上で、外部のベンチャー企業を買収することが不可欠だと考えている。ベンチャー企業のM&Aは、IT分野に限らず、製品ライフサイクルの短期化が進んでいる分野においても、製品、サービス開発のスピードを速め、投下資本の回収を図るための有効な手段となる。

(3) 時代の変化や多様化するニーズに対応するA&D

新規事業領域においては、R&D（Research and Development）ならぬA&D（Acquisition and Development）が大企業とベンチャー企業のこうした役割分担を表した概念といえよう。A&Dは、自社におけるResearch（研究）の代わりに、Acquisition（買収）を活用する手法であり、ネットワークシステムの販売やサービス提供を行うシスコシステムズが、1990年代半ばから推進してきた経

営スタイルとして知られている。シスコシステムズは、創業以来200社を超える買収を行うことで急成長を遂げ、世界最大手のネットワーク関連企業となった。

A&Dは、研究はVC等の投資家からのリスクマネーの供給を受けたベンチャー企業に委ね、うまくいきそうなベンチャー企業を買収することにより、その後の開発、事業化を担っていくというイノベーション手法である。もちろんシスコシステムズやGAFA等の企業にも優秀な研究開発人材は多数在籍している。しかし、時代の変化や多様化するニーズに対応するためには、それだけでは十分でないか、スピードに欠けるケースがあり、強力な研究開発部門を有する大企業においてもA&Dという選択肢は有効と捉えている。**「シリコンバレーは大企業のためにある」**と表現されることもあるが、双方の強み、弱みを補完するこのような役割分担は、ベンチャー企業にとっても大企業にとっても大いに有意義である。

我が国のベンチャー企業において、出口はIPOが主流であるのに対し、米国のベンチャー企業においては、M&Aによる出口が主流である背景には、こうした既存企業のA&Dをはじめとするオープン・イノベーションの戦略的な推進にあると考えられる。我が国とは違い、米国のベンチャー企業は、創業当初から既存企業にM&Aされることを目指して創業するケースも多く、こうしたベンチャー企業の存在が米国企業のイノベーションを支える結果となっている。

（4）大学発ベンチャーは大企業のためにある

①大学の知の移転に関するギャップを埋める担い手

本章2節で述べたように、企業以外の研究組織である大学等、公的機関、非営利団体には、我が国の研究者全体の42％を占める37万人の研究者が在籍しており、年間5兆円程度の研究費を使い、自社にはない研究開発を行っている。大学等の研究組織から創出される知は、新たな知を探索しようとする企業にとって大きな魅力である。

国立大学においては、２００４年4月1日の国立大学法人化を契機に、発明の帰属が原則教員帰属から原則大学帰属となり、職務発明規程を整備した国立大学は特許権等の知的財産権を取得し、その活用を目指して自らライセンス活動を行うこととなった。発明の帰属が原則教員帰属であった時より、大学から生まれた知的財産権のライセンス活動の中心は１９９８年の大学技術移転促進法の施行により発足したＴＬＯ（Technology Licensing Organization）であり、各大学において知的財産本部が整備された後も、多くの大学はライセンス活動に関する業務をプロフェッショナル集団であるＴＬＯに委託した。

しかしながら、ライセンス活動の専門家が大学で創出された研究成果をそのまま企業に持ち込んでも、企業から見てすぐに事業化できそうだと感じられるものはほとんど無い。多くの場合には、より詳細なデータを取得しなければならなかったり、周辺技術の開発が不可欠であったり、量産化技術の開発が必要であったりする。それらのコストや時間をかけられないとの懸念から、企業側が知の具現化・商業化に向けて動き出そうとの思いに至らないことも多いのである。このギャップが埋まらない限りライセンシングは成立しない。

こうしたギャップを埋めるための取り組みとして、事業化を目指した新しいタイプの共同研究を行うという解決策もある。また、国等の補助金を獲得して、大学自らこのギャップを埋めるための研究開発を行うケースもある。しかしながら、ライセンス先として目論んでいる企業が共同研究に応じず、国等の補助金が獲得できなければ事業化への道は閉ざされてしまうのである。

このような背景から、大学の発明者の中には企業がやってくれないのなら自分でやるしかないと考える発明者が出てくる。自らの発明が社会における課題解決に繋がると信じているのだから自然な流れである。大学を中核としたベンチャーエコシステムが形成されていなかった2000年代前半の大学発ベンチャーの多くは、こうした考えのもとに生まれてきた。補助金や共同研究とい

図表4-12　大学発ベンチャーの意義

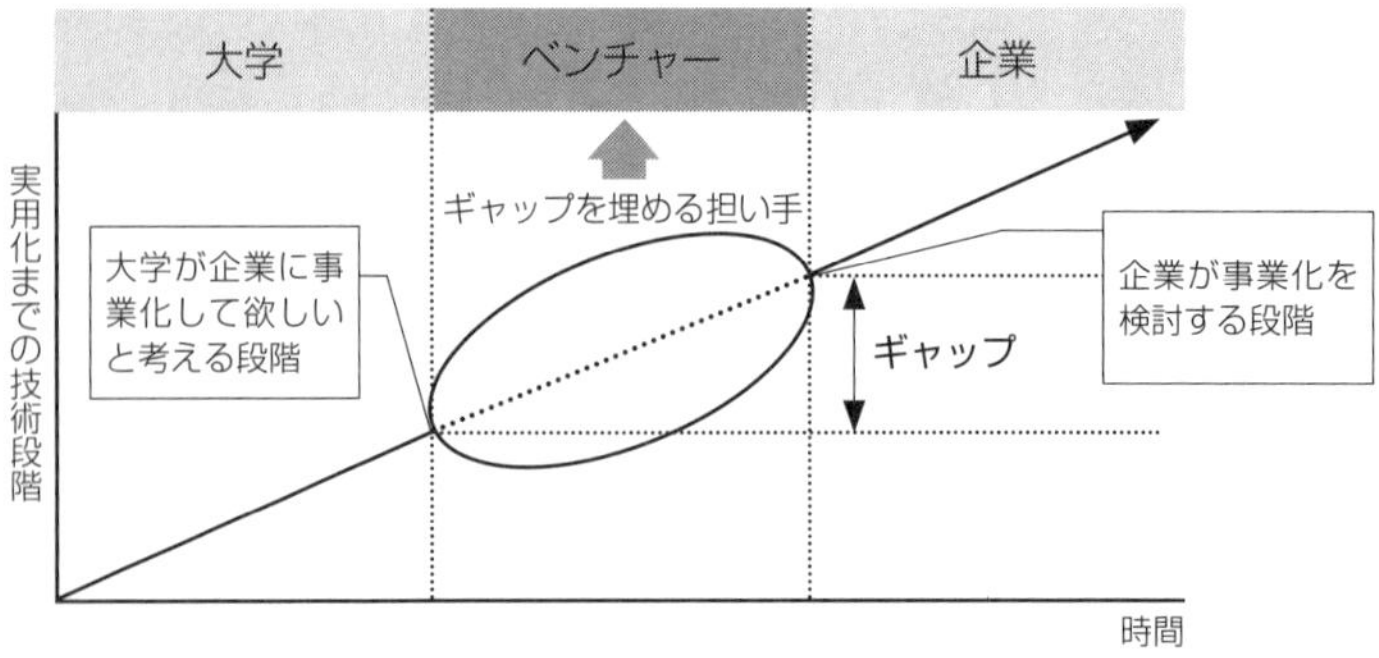

著者作成

う財源が確保されているからといって、大学において大学のリソースを使って研究成果の事業化を進めていくことは大学の果たすべき役割ではないとの見方もあり、大学発ベンチャーという大学以外の組織において事業化に向けた活動を行うことは、担い手という観点でも適切であった。

その後、数多くの大学発ベンチャーがＩＰＯにより出口を迎えると、リスクマネーを供給する存在であるＶＣからも、大学発ベンチャーへの研究開発資金の提供は投資としても十分なリターンが見込めるということが認識されるようになった。

例えば、独自の創薬開発プラットフォームシステムを持つバイオベンチャーである東京大学発のベンチャー「ペプチドリーム」は、上場前に累計で8億円程度の出資しか受けていないが、ＩＰＯ時の初値時価総額は１０００億円を超えており、その倍率は単純に計算して１２５倍に及んだ。もしも大手企業が先行的に出資していた場合、キャピタルゲインを想定してほしい。こうした実績により、大学発ベンチャーがＶＣにとっても極めて魅力的な投資先であることが証明され、大学の研究成果の事業化を目指すようなディープテック領域においても、出口化するポテンシャルのある技術の研究開発を行うベンチャー企業に対して、ＶＣがリスクマネーを投じ、様々な局面からサポートしてくれるというベンチャーエコシステムが形成される。

②大学発ベンチャーは大企業のためにある

大学を中核としたディープテックに係るベンチャーエコシステムが成立してきたことで、ＶＣが大学の技術を見て回り、面白いと思った技術をもとにベンチャー企業を立ち上げてリスクマネーを供給し、その中から順調に事業化が進展しているベンチャー企業にはさらに複数のVCが大型の追加投資を行って事業化を後押しするというサイクルが循環し始めている。大学発ベンチャーは大学が創出した知を自ら事業化し、社会に還元する役割を担うことはもちろんのこと、ライセンス活動において生じていたギャップを埋める担い手であることも明確になってきている。しかも、その活動資金は、企業からの共同研究収入や国等からの補助金に頼ることなく、VC等の投資家からのリスクマネーにより賄われ、大学の技術は着実に企業が受け取れる段階までマイルストーンを乗り越えてステップアップを繰り返している。企業のオープン・イノベーション担当者は、こうしてVC等の投資家が設定したマイルストーンを乗り越えることができた優れたベンチャー企業を発掘し、適正な株価で買収することで、無駄なコストや時間をかけることなく、新規事業のパイプラインを獲得することができるようになっているのである。

(5) カーブアウトから始めよ

①取り込み型オープン・イノベーションと切り出し型オープン・イノベーション

企業におけるオープン・イノベーションには、外部の技術や事業を導入し、自社の資金を用いて事業化を推進する取り込み型のオープン・イノベーションと、自社の技術や事業を切り出し、外部の資金を用いて事業化を推進する切り出し型のオープン・イノベーションがある。**取り込み型に該**

当するのがM&Aであり、切り出し型に該当するのがカーブアウトである。

なお、取り込み型のオープン・イノベーションの手法には、共同研究、共同開発、ジョイントベンチャー、業務提携等の複数の組織が連携していく形態や、他社の技術をライセンスインする形態等もあり、対象とする活動や事業によってはもちろん有効な手段ではあるが、これらの手法はいずれもVC等の投資家からのリスクマネー供給に馴染まず、ベンチャーエコシステムを活用したオープン・イノベーションには該当しないため、ここでは対象に含めずに整理している。

②カーブアウトの意義

カーブアウトとは、企業が戦略的に自社の技術や事業を切り出し、新たな企業（カーブアウトベンチャー）として独立させることをいう。カーブアウトは、企業が戦略的に行う施策であることから、主要な人材や知

図表4-13　オープン・イノベーションの形態

著者作成

的財産（譲渡の場合もライセンスの場合もある）を親元企業から移転し、少なくとも設立当初は、システム利用や内部管理についても親元企業によるサポートが受けられるよう設計することが一般的である。似たような大企業発のベンチャー企業には、スピンアウトベンチャーやスピンオフベンチャーもあるが、これらは独立する側に主体性があることから、企業が主体的に行うオープン・イノベーションの一形態には含まれない。

社内にある技術や事業について、将来的に有望な事業であると考えられるものの、自社グループのコア事業に該当しないため十分な経営資源が投下できない場合や、本業の業績悪化によって短期・中期的に十分な経営資源が投下できないといった課題にぶつかることがある。そのような場合に、技術を死蔵化したり、事業を縮小または廃止したりするのではなく、その技術や事業を切り出して、外部のリソースを活用することで、事業化や事業の成長を目指すことが、カーブアウトの主な目的である。

③将来のコア事業からバックキャスティング

企業がオープン・イノベーションに取り組むにあたり、図表4－13の4象限を意識することが重要である。

現時点における自社R&Dのプロジェクトは、内部のリソースを活用して取り組むべき領域として位置づけられていることから、当然のことながら、全てクローズドイノベーションの範囲に入っている。仮に、プロジェクトや技術の棚卸を行っていったとしても、カーブアウトで切り出していくべきプロジェクトや、M&Aで取り込んでいくべき技術や事業は見えてこないだろう。

次に、時間軸を5年後、10年後、30年後と切り替える必要がある。自社が30年後に向かうべき「なりたい姿」を描くことは容易ではないが、それが描けたとして、現時点にバックキャスティングしてみると、現在の自社R&Dのプロジェクトのうち将来のコア事業に不可欠な技術や事業がクリアになってくる。同様の考え方で、5年後に必要な技術や事業であるにもかかわらず、自社にはない技術や事業も見えてくるのではないか。すなわち、**将来の「なりたい姿」を描き、将来のコア事業、ノンコア事業を見極められると、カーブアウトで切り出していくべき技術や事業、M&Aで取り込んでいくべき技術や事業の候補が見えてくる。**

④カーブアウトから始めよ

このような考え方で将来必要な技術や事業が明確になったとしても、M&Aの場合には、最適な相手探しを行うことも容易ではなく、具体的に実行していくにはまだ時間が必要である。一方、カーブアウトは社内の仕組みを整えればすぐに着手することができるため、まずはカーブアウトから着手することをお勧めしたい。カーブアウトの成功にはリスクマネーの供給が欠かせないため、VC等の投資家との交流を始めるきっかけともなるだろうし、カーブアウトによって将来有望な技術や事業が切り出されてくるとなれば、さらにVC等の投資家や各種専門家も集まってくることになる。

VC等の投資家や各種専門家が、自社の様々な部署の人材と交流を持つようになり、カーブアウトをきっかけに、自社にとってオープン・イノベーションは身近なものになってくるだろうし、こうした人材は、M&Aの候補先の探索にも一役買ってくれるだろう。

10 ベンチャーのM&Aを成功させる秘訣とは

(1) PMIとは

M&Aに際しては、取引成立後にその価値を最大化し、リスクを最小限に抑えるため、様々な取り組みがなされる。合併の場合と子会社化の場合とで取り組み内容は異なってくるが、こうしたM&A後の統合プロセスのことを**PMI(Post Merger Integration)**という。大企業がベンチャー企業をM&Aする場合のPMIには、一般的なM&Aに加えて特に留意すべき点がいくつかある。ここではPMIの項目を全て挙げることはしないが、過去のベンチャー企業のM&Aの事例から、その留意点を紹介したい。オープン・イノベーションを推進したいと考えている企業がベンチャーエコシステムにおいて高い評価を得るためには、必ず対応しておきたい事項である。

(2) M&Aの失敗とは

まず、どういう事象が生じた場合に、そのM&Aは失敗であったとされるかを明確にしておきたい。投資効果等の経済的尺度で計測することが一般的ではあるものの、ハイリスクな新規事業領域におけるオープン・イノベーション型のM&Aにおいては、それでは過度に厳しくなってしまう。オープン・イノベーション型のM&Aを推進している企業においては、以下の2つがともに生じてしまった場合に失敗と定義すべきと考える。

①M&Aされる側の企業（以下、「被買収企業」という）の技術や事業が事業化できない、または、事業を継続できない状況になること

②被買収企業の在籍者がM&Aする側の企業（以下、「買収企業」という）を離れること

特に意識する必要があるのは、後者の観点である。M&A時点においては、全てのケースにおいて被買収企業の技術や事業を事業化できると見込んでいるものの、最終的に何らかの理由で事業化までたどり着けないこともあるし、事業が継続できなくなることもある。それでも被買収企業の在籍者が買収企業の異なるポジションで活躍していけるようであれば、投資額は無駄になるものの、それ以上の損害は生じない。一方で、そのような場合に、被買収企業の在籍者に対して何の手当もされず、居場所がなくなり、買収企業を離れていくことになったとしたら、どのような影響が出るであろうか。買収企業を離れても買収企業のことを素晴らしい企業だと褒め称えてくれる方もいるかもしれないが、そうでない場合には、買収企業の評判が悪化し、その後のオープン・イノベーションの推進に影響が出てしまう可能性が高い。このことは、オープン・イノベーションを推進することを重要な戦略の1つと捉えている企業にとっては投資額以上に大きな痛手である。

被買収企業の事業がうまくいかなくなってしまった場合には、在籍者1人ひとりについて、社内に活躍できるポジションがないかどうかを真剣に検討し、できる限り活躍の場を用意することが重要である。

(3) ベンチャー企業特有のPMIの秘訣

①被買収企業をサポートする実務担当者を専任で配置する

大企業がベンチャー企業をM&Aする場合、買収企業である大企業側がブランドを棄損するリスクを回避するため、大企業のルールを遵守するよう被買収企業であるベンチャー企業に要求する必要が出てくる。一方で、ベンチャー企業においては、法令は遵守していても、運用面で細かなルールが内規等で定められていないことが多く、買収企業のルールの中には、大企業に在籍したことのない者にとって馴染みのないものもある。被買収企業の在籍者は、そもそも会社やその事業体自体が成長期ということで多忙であり、加えて、M&A直後においては対外的なやり取りの負担が重くのしかかっている状況にあるため、こうした買収企業のルールを網羅的に把握し、遵守していくよう要求されることは大きな負担になる。

そこで、買収企業は、専任で被買収企業をサポートする実務担当者を出向等の形で配置することが有効である。単に買収企業のルールを教えるだけでなく、一連の事務作業を代行する体制が整備されているとより望ましいだろう。買収企業からの実務担当者の配置は、被買収企業の在籍者をこうした事務負担から解放するだけでなく、買収企業との橋渡し役となったり、買収企業の顧客への販路拡大に繋がったりといった利点ももたらしてくれることが期待できる。

②被買収企業のメンバーを一定期間チームとして維持する

被買収企業の人材には、優秀な人材が多数在籍している。大企業では育成が難しいとされているイノベーション人材もいる。買収企業において、そうした人材に活躍して欲しい場があり、短期的な業績への貢献を考えると、人材を異動させた方がいいのではないかと考えることもあるだろう。しかしながら、買収企業は、少なくともM&Aした当初は、被買収企業の人材を他のプロジェクトや他の部署に異動させてはならない。

ベンチャー企業は、多くの場合、1社1事業で社歴の短い少人数のチームである。経営者自らが、事業推進に必要な人材を集めてきていることから、精神面での結束が固いだけでなく、経営メンバー全員が各分野のプロフェッショナルであり、1人何役もこなしている場合もあって、1人が欠けるとすぐには代替が効かない。被買収企業のメンバーは、その技術や事業を発展させることを目的としてM&Aを受け入れているのだから、当該事業に専念できる環境を整えた上で、必要な一定期間はチームとして維持しなければならない。

③トップとの特別なコミュニケーションの機会を設ける

M&A自体は買収企業のトップや経営陣の強い関与のもとに成立することが多いが、M&A後になると、事業部または研究開発部署、さらには子会社管理部署とのやり取りが増え、買収企業のトップや経営陣とのコミュニケーションの機会が減ってしまうことも多い。一方で、被買収企業の行っている事業は不確実性が高く、経営環境も目まぐるしく変化しており、様々な経営判断を迫られる状況が続いている。また、大企業グループの中に入ると、自分たちが孤立しているように感じてしまうこともある。被買収企業の在籍者のこうした不安を和らげ、モチベーションを向上させるため、買収企業のトップは、1ヵ月に一度等定期的に被買収企業のメンバーとのコミュニケーションの機会を設け、ビジョンの共有、期待の伝達、経営面でのアドバイス等を行うことを心掛けなければならない。

④人事給与体系を整備し、適切なインセンティブ設計を行う

被買収企業の人事給与体系は、買収企業の人事給与体系とは異なっており、リスクマネー供給を受けたベンチャー企業においては、給与水準を抑える代わりにストックオプションを付与していることも多い。また、AIのエンジニアは通常よりも高い水準の給与を支払わなければならない等、買収企業の人事給与体系では優秀な人材を繋ぎとめておくことができないといった事態も考えられる。買収企業においては、被買収企業に合った人事給与体系を整備し、適切なインセンティブ設計を行うことが重要である。

（4）イケてる企業へのM&Aを志向するベンチャー

①ベンチャー・ファーストが勝つ時代

オープン・イノベーションが定着し、ベンチャー企業がM&Aでの出口を受け入れる土壌ができてくると、**既存企業には、PMIの局面に限らず、関わるベンチャー企業を第一に考える「ベンチャー企業ファースト」の精神が求められる。**

ある分野で最も優れた技術や事業を有しているベンチャー企業から見れば、M&Aでの出口を志向したとき、いくつかの候補先のうち、どの企業に買収されるのが良いかを選べる立場にある。そのようなベンチャー企業から選ばれる企業になることが、イノベーションにおける競争を勝ち抜く上では極めて重要になってくる。我が国特有の感性なのかもしれないが、この評判は必ずしも業界シェアの順位で決まるものではなく、一方で、同業でかなり大きな差となって表れてくる印象がある。

その企業が「ベンチャー企業ファースト」であるかどうかは、M&Aにおける振る舞いだけで決まるものではない。例えば、アクセラレータプログラムにおいて、技術、知的財産、事業といった観点で様々な専門家が当該ベンチャー企業のために支援してくれる企業であるとの評判が上がっていることも1つのプラス要素となる。また、過去に買収されたベンチャー企業やその在籍者から聞かれる評判、コーポレートベンチャーキャピタル（CVC）からの投資検討プロセスや投資後の支援に関する評判、マッチングイベント後の対応に関する評判等、ベンチャーエコシステムの各プレイヤーとの様々なやり取りや活動の結果として、その評判は形成される。

②ベンチャーエコシステムから選ばれる企業になることが成長のカギ

昨今、大企業がベンチャー企業の技術やノウハウを盗用したとか、大企業がベンチャー企業を破綻に追いやったといったことがニュースやSNSを通じて広まり、悪い評判が立ってしまうケースも出てきている。こうした報道や書き込みの中には、事実を十分に把握していない場合もあるとはいえ、オープン・イノベーションの時代にこれを放置しておくことは短期的のみならず中長期的にも大きなダメージになる。意図的にベンチャー企業の不利益になることを行っているとすれば言語道断だが、やむを得ない事情があったのであれば、守秘義務に反しない範囲で積極的に説明しておくことが有益である。

また、M&Aのプロセスにおいても、大企業側のベンチャーエコシステムやM&Aに係るリテラシーの低さ、事業部門や研究開発部門からの反発が抑えられないなどの経営の問題も指摘されているところであり、企業の姿勢として、適切なアドバイザーの選任等を通じて社内人材のスキルアップを行っておくことも必要であろう。

諸外国のベンチャー企業は、アライアンスを組みたいと思える大企業が自国に数多くある我が国のベンチャー企業を羨ましく感じているとの声も聞く。また、最先端の科学技術を有しており、リスクマネーの供給を受けてその技術の事業化を目指すテクノロジーベンチャーが多数存在している国もそう多くはない。我が国のベンチャーエコシステムは着実に発展してきているものの、100億円を超えるような大型M&Aでの出口案件は数えるほどしか出てきていないし、大企業の多くはベンチャー企業やＶＣとの付き合いに慣れているとは言い難い状況である。**我が国のベンチャーエコシステムは、未だ本格的に発展していく途上にあり、ポテンシャルを発揮できれば、現在の10倍以上のインパクトが出てくるだろう。もっと多くの企業に、ベンチャーエコシステムのメカニズムを理解し、選ばれる企業になってもらいたいと著者は切に願う。**

③イノベーションのバトンリレー

図表４−２に示されているように、オープン・イノベーションの連携相手のうち、連携推進意向が強いにもかかわらず、連携実績が乏しい最たる相手がベンチャー企業である。60・２％の大企業が連携推進を望んでいるのに対し、33・５％の大企業しか連携実績を有していない。我が国の大企業においては、大学等とは共同研究を行っている

図表4-14　イノベーションのバトンリレー

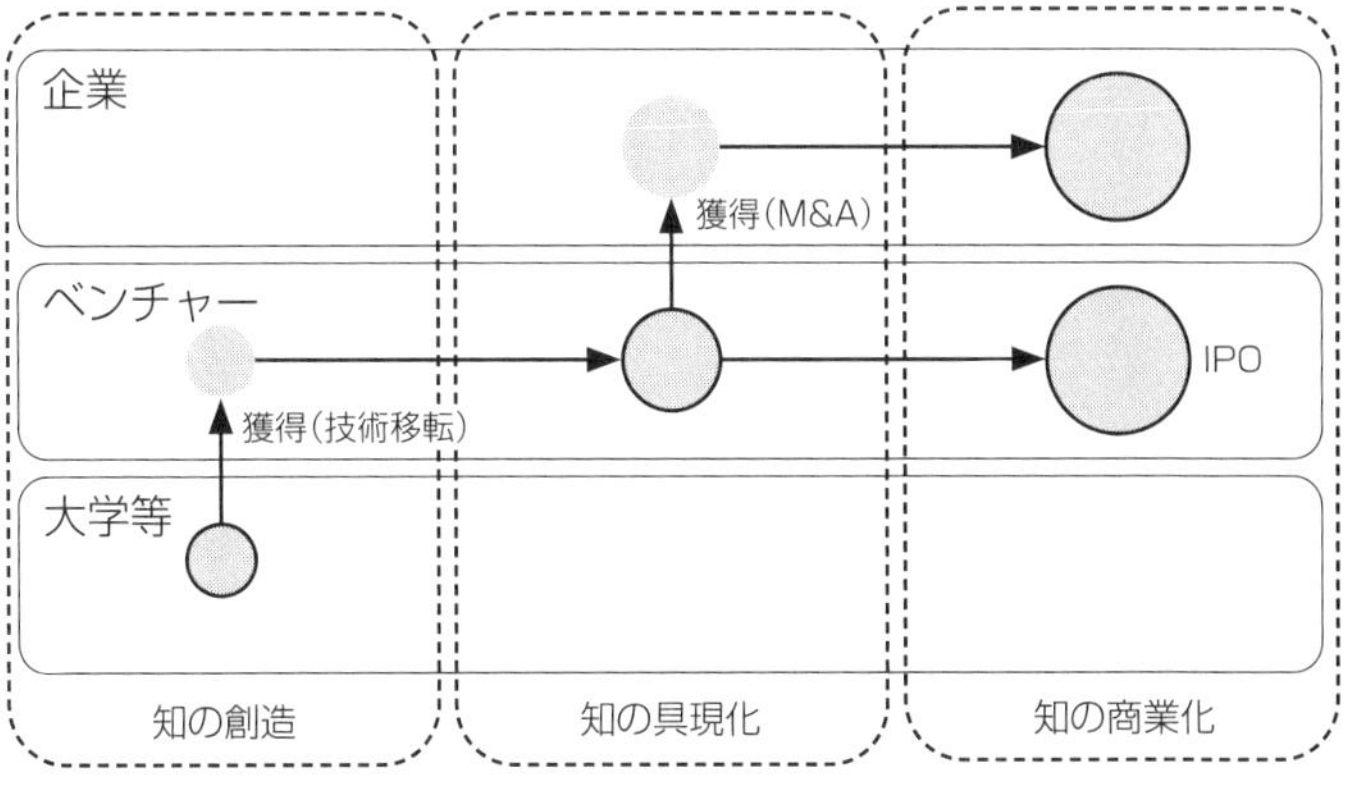

著者作成

が、より事業化に近づいた技術や事業を有している大学発ベンチャーとは連携ができていないという不合理が生じている可能性がある。

イノベーションを考える際、「知の創造」に注目が集まりがちだが、むしろ「知の具現化」、「知の商業化」が我が国の課題であり、適切な担い手が役割を担い、適切な手法や対価でそのバトンを別の適切な担い手に繋いでいくことが重要である。

ベンチャー企業側も我が国企業との連携を望んでおり、この現状は大きなチャンスである。だからこそ、我が国企業がベンチャー企業やＶＣ等の投資家と手を携えて、変革の時代を乗り越え、グローバル競争に打ち勝ち続け、明るい未来を創造していくことを期待したい。

〈参考文献〉

（２０２０）「科学技術研究調査結果の概要」総務省

（２０１６）「平成28年度産業技術調査事業（我が国企業の研究開発活動の支援の在り方に関する調査）報告書」経済産業省

（２０１９）『ベンチャー白書２０１９』一般財団法人ベンチャーエンタープライズセンター

5章 テクノロジーベンチャーは日本を救う

1 歴史上、成功した産学連携

(1) 18世紀英国における産業革命は、産学連携としてのグラスゴー大学とJ・ワットによる蒸気機関開発ベンチャー誕生から

前著『イノベーションの成功と失敗』（序章）に詳しいが、概略すると『国富論（諸国民の富）』（1776）の著者として、また経済学の父として知られるアダム・スミスは（大学退官後に同書公刊）、母校グラスゴー大学の道徳哲学教授そして副学長時代、1756年（『国富論』公刊の20年前）にジェームズ・ワット青年を大学に技手として雇い入れ、市内開業が許されなかった数学器具工房の大学内設置を認めた。その後、**スミス教授はこの才能溢れるワット青年技手の工房にしばしば立ち寄り、当時最先端のハイテク器具を製造する状況をつぶさに観察**した。ワット技手は、当時は高額で講義ごとに現金で支払わなければならなかった工学や物理・数学の講義を、大学当局から無料で受講することが許された。人生で初めて工学と物理の正確な知識を学んだワットは、のちに大学

当局から既に大学に存在した原始的な蒸気機関の修繕と改良を任されるようになった。そして、ついに1764年蒸気機関の重要部分の発明に至る。

ワットのグラスゴー大学技手時代における産業革命のエンジンとなった蒸気機関コアテクノロジー発明の経緯は、1895年に出版されたJ・レー『Life of Adam Smith』によると、以下の通りである。

（大学）当局はまた1756年にはジェームズ・ワットにたいして校内に仕事場をあたえ、彼を大学御用の数学器具製造人とした。これは、グラスゴーの同業組合が、（ワットが市内で徒弟歴を有していないという排他的理由で）彼が市内で仕事場をもつことを拒否したためであった。彼はほかならぬこの仕事場でこの時期に、ニューカマンの蒸気機関を修理したことを契機として思考を働かせはじめ、ついに1764年の記念すべきある朝、グラスゴーグリーン（大学下に広がる公園緑地帯）の洗濯屋のまえを散歩しているときに、凝縮装置を別個につくるという考えを突如として思いついたのである。（J・レー『アダム・スミス博士伝』大内訳、87−88頁（著者注））

20世紀に入り、英国が産業競争力を新興のドイツ・米国・日本に奪われたとしても、産業革命はグラスゴー大学発のベンチャーから始まった。その背景に、学歴や背景にこだわらない先見性のある大学人と、起業の才能を持った有望な青年の出会いがもたらした幸運が存在した。

(2) 産業革命を引き継いだ20世紀米国における産学連携として、スタンフォード大学とシリコンバレー第1号ベンチャーHPの誕生

同様に、1932年、たまたまスタンフォード大学工学部の同級生となったデイビッド・パッカードとビル・ヒューレットは、ともに指導教官フレッド・ターマン教授の門下生となり、1936年の卒業前には他の研究室仲間2名を合わせた計4名が、卒業後の起業を構想した。だが、ターマン教授は未熟な起業を勧めず、社交的なパッカードには東部の名門企業GEへの就職を、学究肌のヒューレットには東部の名門で自身の出身大学院であるMIT大学院への進学を強く勧めた。

素直に教授の指導に従った彼らは、やがてGEを早期退職し、あるいは大学院修了後に、母校から歩いて15分ほどの地元に10坪ほどのガレージと貸家を共同で借り、HPを2人で創業した。創業間もなくは仕事もなく、レタス収穫機から水洗シャワートイレ、電気ショックマッサージ機まで、食べるために彼らは何でも設計試作した。一方、ターマン教授はパッカード夫人の大学事務職採用を大学当局に斡旋するとともに、学位のないパッカードに奨学金と大学院入学を認め、かつ2人にターマン研究室発明の試作品作りを勧め、その販売先や特許取得資金提供者となる有力企業OBを紹介した。こうした**ターマン教授によるOBゼミ生への献身的な支援**により、HP社はウォルトディズニー社に音源装置納入の機会を得て、一躍現在の世界的企業HP躍進の足がかりを得た。

HPは、創業後の大戦中、軍からレーダーやVT信管など電子部品装置の大規模受注を受け、戦後も軍需に偏らない民間エレクトロニクスメーカーとして自立発展したが、母校とターマン教授へ

の感謝を忘れず1950年代に教授の名前を冠する校舎を母校に寄贈した。戦後のHPとターマン教授との関係は、以下の引用に集約される。

> 第二次世界大戦後、フレッド・ターマン教授は、ハーバード大学無線研究所（大統領令によってレーダー開発のため工学部長のまま出向していた）からスタンフォード大学に戻っていた。教授との親しいつき合いがまた始まり、スタンフォード工学部の大学院生が研究の一環としてHPの製品を設計・製作するという、共同の特別研究員プログラムを開始した。（D・パッカード『HPウェイ』107頁（著者注））

その後も、両名はスタンフォード大学の運営理事を半世紀以上務め、今日、パッカード夫人の名を冠した新たな小児病院棟一式を同一族は大学構内に建設寄贈したばかりである。

このような、スタンフォード大学におけるHPとターマン教授の貢献が発端となり、その後、大学が敷地内に自ら造成したインダストリアルパーク（研

図表5-1　スタンフォード大学新小児病棟建設
（2016年3月現地著者撮影）

究開発型企業のための工場団地）に全米の一流企業が集中立地を開始し、入居第1号のHPをはじめインテル、GoogleやYahooといったシリコンバレー・ベンチャーが続々と生まれるようになった。**その原型は、ターマン教授が支援したHPの成功を端緒としている。**実は、ターマン教授は、米国の工学教育史上で突出した教授であった。教授は、のちに全米工学部で採用される標準テキスト『ラジオ工学』の著者であり、母校出身教授として卒業生たちのHP創業を支援した。それればかりか、日米開戦の前年、第二次大戦中の1940年に、ルーズベルト大統領令により対日対独戦のための二大秘密兵器であった原子爆弾とレーダー・VT信管開発について、東部ハーバード・MITに設置された無線研究所長として出向した。

1942年11月の南太平洋ソロモン諸島で夜間に極めて正確なレーダー照準砲撃を受けた日本海軍は、一方的に命中射撃を受けて轟沈・大破が続出した。さらに、欧州戦線におけるノルマンディー上陸作戦と同じ日、1944年6月のマリアナ沖海戦では、予想もしないレーダー迎撃と米国艦船付近で当たらずとも自動炸裂するVT信管によって、日露戦争以来の日本連合艦隊と空母部隊は南太平洋上で壊滅した。その結果、サイパン・テニアン島からのB－29爆撃機による本土爆撃が可能となり、1945年3月の東京大空襲、8月の広島・長崎へ原爆が投下された。

しかも、B－29機体下部には灯火管制を無意味とする地上向けパノラマレーダーが装備され、夜間でも地上目標への正確な夜間照準爆撃ができた。撃墜されたB－29残骸から取り外されたパノラマレーダーが、検証のため運び込まれた東北・東京・大阪の各帝大教授たちは、その実用性能の高さとこれを可能にした基盤エレクトロニクス技術に絶句した。その1人に、大阪帝大の浅田常三郎教授がいるが、浅田教授の戦中の指導学生には技術士官として終戦を迎えた盛田昭夫・海軍技術中尉がおり、戦後間もなくのSONY共同創業者となった。盛田が教授からこうした米国の驚異的なエレクトロニクス技術について指導を受けていないと考える方が不自然であろう。

つまり、ターマン教授が指揮したハーバード・MIT無線研究所は、大戦の帰趨に決定的な影響を与えたレーダーとVT信管の実用化に成功し、米国に勝利をもたらした。だが、日本陸海軍は、前線からの血の出るような電探（レーダー）開発要請にもかかわらず、陸海軍ともに情報を共有しようともせず、特定大学の特定教授に機密保持を強要し、場当たり式のレーダー開発しか行わなかった。敗戦からわずか1ヵ月後に、日本軍事研究成果の視察に訪れた米国軍事調査団長のコンプトンMIT学長は、のちに米国議会に対して、日本は優秀な科学者を擁しながらも視野狭窄かつ陸海軍で対立する縄張り意識が先行する貧困な軍人指導のせいで、日本はレーダーをはじめとする先端軍事技術面で高い基礎技術力に比して乏しい成果しか上げられなかった、と証言した。

(3) 21世紀日本における産学連携として、広島大学とマツダによる世界無二クリーン・ディーゼルエンジン開発成功とマツダ復活

マツダは二度にわたる倒産危機を経験した。一度目の危機は、1991年国内販売戦略が失敗しての大混乱であった。背景には、通産省出身で7代目社長（1987〜91）である古田徳昌が、

初の外部出身の社長としてトヨタ並の国内販売5チャンネル化を推進し、車種開発が追いつかず全面崩壊したためである。結局、主力銀行の住友銀行仲介により、フォードがマツダ株式3分の1を取得してマツダを子会社化した。そして二度目の危機は、2008年のリーマンショック時に生じた。リーマンショックによる世界的需要低迷により、フォードがマツダ株式を放出して広島から撤退した時だ。地元銀行＋日本政策投資銀行支援による自主再建を求められるが、連続4期の赤字を計上する。

「戦艦大和」を作った呉海軍工廠の地元広島におけるマツダは、他の地域に例を見ないほどの高度な産業構造の頂点にある。もしマツダが国外に製造拠点を移せば、300社を超える地元サプライヤーである中小企業が倒産する。その結果、フォードにも見放され、1ドル80円を切る空前の円高環境にあっても、地元雇用を死守するため国内生産比率80%を維持するべく、マツダは死闘を続けた。そして、2006年の技術領域のブランドイメージを業界最高にする目標を社内決定した。

リーマンショックの2008年11月、親会社フォードが13%残してマツダ株式を売却撤退し、最悪の状況で2008年11月に生え抜きとしては初めて、創業家ではない事務系出身の14代目社長兼CEOに就任した山内孝（営業人事財務担当、慶大商卒）は、2010年10月に有名な『SKYACTIV』テクノロジーを正式発表した。山内社長は社内限界為替レートを「1ドル77円」に設定し、これを広島でのクルマ造り損益分岐点とした。つまり、為替が1ドル77円以上の円安に推移すれば、マツダ車は利益を生む。現在110円とすれば既に海外で販売される2万ドルのマツダ車は、

図表5-2　マツダCX-5とSKYACTIV-D

それだけで＋66万円（（１１０円－77円）＊2万ドル）もの粗利を上げる計算だ。

翌年２０１１年6月に新エンジンを既存モデル「デミオ１・３L」に搭載して、マツダは高圧縮低燃費ガソリンエンジンで世界をあっといわせた。翌２０１２年2月には、「ユーロ６」（世界で最も厳しい日本と同水準のＥＵ自動車排気ガス規制）を完全に満たす新型ディーゼルエンジン２・２Ｌを開発し、初のスカイアクティブ・テクノロジーを全面搭載した「ＣＸ－５」を世界同時発売し、一躍世界トップに躍り出た。この事実が、ディーゼルエンジンの世界最先端を自認していたドイツ自動車工業界を震撼させ、米国で摘発された「ユーロ６」を満たすドイツ製市販ディーゼルエンジン後触媒の偽装プログラム事件へと発展する。これに対し、マツダのスカイアクティブ・ディーゼルエンジンは、燃焼プロセスそのものを革新して後触媒を不要とする自動車工学史上に残る画期的エンジンである。同年11月、同ディーゼルエンジンを搭載する「ＣＸ－５」は日本カーオブザイヤーを受賞し、同じくダウンサイジングした１・５Ｌスカイアクティブディーゼルエンジンを搭載した新型「デミオ」も、2014年に同賞を受賞した。
さらに驚くべきことに、翌2015年5月に発売開始した同社の二座式オープンスポーツカー「ロードスターND（MX−5）」は、翌年2016年3月のニューヨークモーターショーで、世界で初めて「2016世界カー・オブ・ザ・イヤー」及び「2016世界カー・デザイン・オブ・ザ・イヤー」を同時受賞した。世界カーブオブザイヤーでは、経済性が高く、誰にでも愛される普及車が選定される。これに対して、世界デザインカーオブザイヤーは、非日常であり高価であっても、第一級のデザインを持つ車（歴史的にフェラーリやジャガーなど）が歴代受賞してきた。だが、「ロードスターND」は一般市民が購入可能な200万円台、広島で100%生産される全世界145カ国に向けて生産される量産車である。通常、こうしたスポーツカーは販売台数が限られるため、極めて高価な価格で販売されなければ開発生産投資を回収できない。超円高に苦しむ故郷広島で、地元サプライヤーの部品を使って自社工場で生産される車が世界最高の評価を得た歴史的瞬間であった。

図表5-3　マツダロードスター

こうしたマツダ復活の背景には、（a）フォード子会社時代に強制されたグローバル経営の論理と手法、（b）地元銀行と日本政策投資銀行の熱心な支援、（c）初の生え抜き事務系社長が技術者たちのクラフトマンシップ及び企業家精神を鼓舞した賜であった。しかしながら、自動車業界の世界的潮流を俯瞰した場合、生産台数１５０万台足らず、トヨタ自動車の６分の１にも過ぎない中規模自動車メーカーが、世界の安全基準・排出ガス基準をマツダ単独で設計し開発できたとはやはり考えにくい。それゆえに、フォードに去られ２００８年以降毎年赤字だったマツダが、２０１２年にドイツ自動車産業も生み出せなかった高性能ディーゼルエンジンを開発できた背景には、何らかの強力な援軍が存在したはずだ。

図表5-4　NEDO「革新的次世代低公害車総合技術開発」

答えは、「NEDO（新エネルギー総合開発機構：本部川崎）」のHPにあった。同HPの「革新的次世代低公害車総合技術開発」によると、新しい燃焼システムの開発にあたって、広島大学で開発されたピストン内の燃焼状態を再現可能な「高温高圧容器」と、内部における燃焼状態を可視化する「LASレーザーシステム」がNEDO支援の下、大学内に開発設置されたという。液体燃料が高圧でシリンダー内に噴霧され、空気と混合し、次に圧縮爆発を繰り返すプロセスを、大学内の実験容器内で再現して各種パラメータを計測取得する。次に、得られたパラメータを投入した多元連立方程式によって、一挙にコンピュータ上で再現可能なシミュレーションプログラムが動いたはずだ。

こうした一連の実験容器開発、パラメータの計測取得、これを多元連立方程式にあてはめるシミュレーション・プログラミングを、講義・教授会・学内委員会・学界活動で多忙を極める教授1人ができるはずもない。教授の指導と方向性・理論をよく理解できる極めて有能な実験助手がリーダーとなって、24時間研究室に泊まり込みで研究に取り組む大学院生という働き手なしに、大学における実験は進まない。つまり、設備の整った大学、産学連携を尊ぶ学内風土、優秀な大学院生の存在なしに、こうした大型実証実験は不可能だ。

さらに、こうした一連の開発プロセスを一企業が中央研究所として丸抱えするような時代はとうに終焉している。米国HPにおいてすら研究開発部門とPC部門を分社化せざるを得なかった。地方企業マツダにとって、大学はあたかも優秀な付属中央研究所があるかのような幸運だった。広島大学はマツダが世界に突出したエンジンを世界に送り出す強力な地元の援軍だった。その克明な産学連携による共同開発プロセスをＮＥＤＯのＨＰから直接引用する。

革新的次世代低公害車総合技術開発プロジェクトのねらいは？

ディーゼルエンジンは、ガソリンエンジンに比べて高い熱効率が得られる反面、排ガス中のＮＯｘ（窒素酸化物）やＰＭ（ススなどの粒子状物質）が多く含まれることから、環境特性の改善や省エネルギー化が求められていました。そこで、本プロジェクトでは、特に、ディーゼルエンジンに特化した排出ガス後処理、燃料利用技術を中心に開発を進め、ディーゼルエンジンの高い熱効率を維持した上で、画期的に排ガスをクリーン化する技術の開発を実施しました。具体的には、新しいディーゼル燃焼方式エンジンの開発、クリーン燃料の導入、排出ガスを画期的に浄化する新しい排出ガス浄化システムの開発等を実施しました。

ＮＥＤＯの役割は？

世界で最も厳しい排出ガス規制レベルへの対応、かつ開発した技術の新たな評価方法や大気環境効果予測なども必要であり、基礎研究から実用化までの産官学での連携体制構築をＮＥＤＯでは支援しました。また、外部有識者による中間評価や定期的な技術委員会の開催により、進捗度の把握、方針の見直しなどを実施しました。特に、中央省庁での審議会や新たな基準に沿った目標値の柔軟な変更や、ディーゼル車の環境面における懸念を払拭し、今後の普及、推進に向けた広報活動や成果報告会の開催などを実施することで、プロジェクト終了後のスムーズな実用化の後押しを行いました。

そうして、同HPで、マツダの開発エンジニアは以下の通り、広島大学の貢献に感謝する。

NEDOプロジェクトで燃焼を可視化する計測システムを確立

燃焼メカニズムの解明に大きく貢献したのは、広島大学との共同研究で生まれた計測システムとシミュレーション技術でした。従来のマツダの方法では空気の流れを計測することはできても、噴霧した燃料が空気と混ざり合って燃焼室内部に広がって着火する様子までを捉えることは困難でした。

そこで、**広島大学大学院工学研究科機械システム工学専攻で流体工学を専門とする西田恵哉教授が中心**となり、ピストン内の状態を再現した「高温高圧容器」（図9）と噴射された燃料の混ざり具合や濃淡をレーザー計測する「LAS計測システム」を開発しました。また、燃焼室内での噴霧混合気形成の挙動を2Dで捉える実験装置（図10）により、噴射後の燃料の様子を可視化することも可能になりました。

パワートレイン開発本部走行・環境性能開発部主幹の片岡一司さんは、「広島大学との交流は以前からありましたが、基礎研究においてここまで深く関わったことはありませんでした。**とくに社内で行うことが難しい高度な計測について、計測技術を得意とする広島大学の西田教授に協力していただけたことは大変大きかった**といえます。そのときの計測データが高精度な燃焼シミュレーションを可能とし、SKYACTIV-Dとして目指すべき方向性を明らかにしたのです」と語ります。

空気と燃料がよく混ざる燃焼室のデザインを決定する段階でも、通常であれば何十種類もの燃焼室を試作する必要がありますが、**優れたシミュレーションソフトのお陰**で2回の試作だけで、「エッグシェイプ燃焼室」と名付けた新しい燃焼室の形状を作り上げることができました（図12）。

（https://www.nedo.go.jp/hyoukabu/articles/201301mazda/index.html（著者強調））

以上の報告を見ても、大学とそれを支援する政府助成に基づく分厚い研究基盤があってこそ、従来の常識であるエンジンを遥かに越える飛躍が遂げられるし、そのためには、産業界（産）と大学（学）、助成する政府（官）の三者それぞれに、それぞれへのリスペクトと、自らの可能性限界に挑戦したいというエンジニアスピリットが不可欠だ。特に、産と学双方が地元・母校というキーワードで結ばれた場合、圧倒的な成果が生まれやすい。

(4) 英米日3つの大学における共通点

以上の英米日における三大学（英・グラスゴー大学、米・スタンフォード大学、日・広島大学）には、ある特異的な類似点がある。それは、3校ともに首都圏から遠く離れた「地方大学」であることだ。グラスゴー大学はロンドンから遙かに北方、日本なら東京から盛岡ほど離れている。スタンフォード大学は首都ワシントンDCから飛行機で5時間もある北米大陸西海岸の端にある。そして東京から新幹線で約5時間かかる広島大学だ。

その結果、これら地方大学では、**(a) 地元企業が相談に行ける世界水準の理工系教授がおり研究室が稼働している、(b) これらの教授の下で指導を受ける実験訓練を受けた良質な理系大学院生が学んでいる、(c) 地元のみならず他地域や海外からの進学者も学ぶ、世界的な研究水準を持つ大学である**、ことだ。

さらに、広島大学とマツダを例外として、当時の英国・米国ともに農業を主とする大企業不在の産業後進地域であり、卒業生の他地域への流失が甚だしかった。マツダは、明治中期に帝国海軍が総力を挙げてゼロから完成した呉海軍工廠に隣接する広島市に立地し、戦前に創業された自動三輪車の国内トップ企業であった。それゆえに、マツダ自体は創業から1世紀近い地域の名門企業であったが、2度の経営危機に直面して広島大学との緊密な産学官協同研究によって危機を突破した。他方、グラスゴー大学、スタンフォード大学ともに産業後進地帯に属し、共同研究を開始する有力企業が地元に存在しなかった。そのため、大学が自らベンチャーを生み出す他に方法がなかった。こうした後進地域におけるスタンフォード大学の状態をＨＰの支援者だったターマン教授は、以下の通り記述する。

強力な自立した産業を発展させるためには、科学技術の分野で独自の知的資源を築かねばならない。外部から迎え入れた頭脳や借り物のアイデアに頼る産業活動では、年貢を納める家臣以上の存在にはなれず、永久に競争に勝てないことになる（Ａ・サクセニアン『現代の二都物語』51－54頁）

それでは、以上の英・米・日の3つの大学では、**どうして新たに産業が勃興する程のスケールで産業の果実がしっかりと実るまでの産学連携が生まれたのであろうか？**　この問いに答えるためには、その発端となった人に関する考察が欠かせない。

ここで、現在も経済学の父として『国富論』が読み継がれる著者アダム・スミスの大学における立場に再度注目する必要がある。アダム・スミスはグラスゴー大学から車で2時間ほど離れた港町カーコーディの出身であった。父は税関吏、母は地元の名家出身である。それゆえ、それほど多くの財産を相続したとは考えられないが、大学教育を息子に授けることが自然な中流家庭の出身だった。そしてグラスゴー大学に学び、のちスコットランドで年に2人しか与えられない奨学金を得てオックスフォード大学に留学している(当時、グラスゴーのあるスコットランド大とオックスフォード大のあるイングランドは、少し前にも反乱戦争があるほど遠い国だった)。後、スミスは、母校グラスゴー大学に講師として戻り、法学博士号を同大学から授与され、教授に昇任している。

一方、スタンフォード大学でHP創業を支援し、シリコンバレーの端緒を工学部長として切り開いたフレッド・ターマン教授は、創設間もないスタンフォード大学の教授を父に持ち（IQテスト開発で有名)、学内教員宿舎で誕生したといわれる。スタンドード大工学部に学んだ後、東部の名門MIT大学院に進学して工学博士号を取得、のち母校スタンフォード大の助教授を経て教授に昇任している。

他方、マツダ復活を支援した広島大学工学部の西田恵哉教授は、同大学工学部を卒業後、同大学院博士課程を修了して工学博士号を取得。株式会社クボタの研究員を経て母校助教授、教授に昇任している。

以上を観察すると、英・米・日の教授3人は、**全員が母校出身者であり、卒業前後に博士号を取得し、一度母校を離れた後に母校に戻り、後に教授に昇任**している。ここが重要な点だ。彼らは、若い助教授時代に教育と自らの研究論文執筆に専念した後、教授に学内昇任して学内での立場が確定してから、若い経営者ないし地元企業を自らの研究室を開放して迎え入れ、そのスピリットを鼓舞し惜しみない支援を与えている。ゆえに、ただ漫然と産学連携という概念を理解すべきではない。そこには、**血の通った教授と企業家予備軍や企業との相互リスペクトに基づく関係性が存在する。**しかも、これらスミス教授、ターマン教授、西田教授たちは、母校に学び、母校に貢献する最良の機会として産学連携を捉えている。そこには、直接的な金や名声を求める個人動機ではなく、母校だからこそ目の前にいる教え子や地元企業を応援しようとする（広島大学工学部の最大就職先の1つはマツダである）大学人の心温まる師弟愛が存在する。

もしも大学教授職を、単なる職業として考えるならば、母校にこだわる必要もないし、むしろ業績評価に応じて国内外の報酬と研究環境の優れた大学への転出・異動が最良の策となろう。だが、その大学に学び、これから社会に羽ばたこうとする若者にとって、母校で卒業後も教育と研究に邁進する教授に勇気づけられないわけもない。ましてや、いったん大学から離れた企業に就職しても、やがて老いた親が待つ故郷に帰りたいとの思いは自然だろう。その際、地方の大学が生み出したベンチャーが地元に多数集積し、今もなお頼りになる母校教授が応援しているとすれば、そこに飛び込む勇気はほんのわずかに過ぎない。故郷に帰ろう、母校に帰ろう、老いた両親・先生に日々会いたいといった人間として自然な心情が、高度な資本主義メカニズムに組み込まれた時、大学発技術に由来するベンチャーは大成功する可能性が高いことを、歴史が証明している。

グローバル化する経済の明暗はともかくとして、グローバル競争を勝ち抜ける質と価格で勝負可能なテクノロジーベンチャーを地方に創らなければ、少子高齢化する地方では住宅需要も、消費需要も、教育需要も生まれなくなる。有り体にいえば、若い子供を育てる世代が消える自治体と商店街は消滅せざるを得ない。だから、地方に有望なベンチャーを1社でも創出する必要があるのだ。その司令塔は地方政府・地方自治体でなければならない。その自覚と覚悟が、首長と地方公務員によってどの程度共有されているかが、21世紀における地方の未来を決定づける。

他方、日本の地方の国公立大学教授たちは、個人的な名声や利得に固執することもなく、心を込めて学生を研究指導している。それを支える事務職員もまた、縁の下の力持ちとして黙々と誠実に大学における教育と研究を支えている。その理由は、大半が地方で高度な教育と研究水準を維持存続させたいとの願いを、生涯にわたり保持しているからだ。それは、アダム・スミス教授やF・ターマン教授たちと変わらない。唯一、日本と英米が異なる点は、教え子たちの中から世界に名を残すほどのベンチャーが生まれたか否かに過ぎない。

そうした意味で、資本と人材が自動的に首都圏に集積する国家システムの日本で、だからこそ少子高齢化する一方の地方を支えるためには、教え子の中から生まれる優れたテクノロジーベンチャーが地方と日本に未来をもたらす希望であることを、地方の大学教授は深く自覚すべきであろう。そのような仕組み作りを、地方に存在する大学、産業界、地方政府はシンパシーをもって協力することが欠かせない。

組織原理を「産学官連携」として呼ぶことを、私たちは共有したい。大学を愛し、地方を愛し、血縁地縁を愛するのであれば、未来のために小異を捨てて教え子たちのために1つでもベンチャーを、1人でも雇用を創ることに、地方の大学は邁進する必要がある。

2　大学発研究成果を商業化する最新組織

(1) 米国の大学でのOTC

1980年代に、日本との産業競争（造船・家電・エレクトロニクス）で敗退を続けた米国は、2つの起死回生策を発動した。1つは、国際金融政策における人為的な円高誘導である（1985年プラザ合意での1ドル80円）。2つめは、国内経済政策でシリコンバレーをモデルとする大学を核とした産業クラスターの形成だった（例：マサチューセッツ州ルート128、ノースカロライナ州リサーチトライアングル、テキサス州オースチン、ペンシルヴァニア州ユニバーシティ・シティ・サイエンスセンター）。

著者が大学院生として1989年に米国で学んでいた当時、既に1970年代から米国の産業革命発祥の地であるマサチューセッツ州の繊維と造船は壊滅的打撃を被っていた。当時のライバルは日本だった。また、米国が基礎から生み出した半導体産業分野でも東芝など日本企業にメモリー分野で敗北し、インテルは大赤字を計上し利益の出ないメモリー分野から撤退しCPUへの進出を図るべく大学との核心的な共同研究を進めていた。シリコンバレーに位置するスタンフォード大学や、アポロ月着陸船向けに人類初の4bitの可動式コンピュータを1960年代にNASA要請で開発した名門MITは、米国における半導体・コンピュータ産業の復権を目指すべく、斜陽の大企業支援に加えて、勃興しつつあるテクノロジーベンチャーに対して異常なまでの支援を行っていた。その成果が、シリコングラフィックス、Yahoo, Googleなどの大学発テクノロジーベンチャーとして結実した。

こうして、米国の研究大学には、地元州知事の肝いりで**OTC＝Office for Technology Commercialization**が設置された。その「**技術商業化部門**（**OTC**）」**には3つの機能が有機的に結合されている。**それらは、**（a）技術移転部門（TLO）、（b）起業家養成ビジネススクール（MBA）、（c）大学発VB特化型キャピタル**（**VC**）、である。当然、発明から実用化、製品の上市に至る商業プロセスでは、それぞれの部門で外部により支援が欠かせない。それをエジソンのような発明王個人の責任に委ねる時代でもない。科学は途方もなく巨大化している。それゆえに、「**商業化**」**という上位概念の下で、知財の権利化、ライセンシング、ビジネス創造、出口化が一連のプロセスで進められる必要があることは自明だ。**

著者が、2004年に文部省（当時）から受託した「21世紀型産学官連携手法の構築」『大学発知財の商業化戦略』における海外調査によると、英国のケンブリッジ大学構内にある「ケンブリッジ・エンタープライズ」は、同大学が100％出資する大学内の独立ビルに入居するOTCで、3

階建て同ビルの3階フロアには何とＭＩＴの同組織ＩＬＰが入居していた。４人の幹部全員が女性であり（インタビュー当時）、１人のＣＥＯの下に３人のディレクターが存在し、毎週１回ミーティングしていた。各ディレクターの担当は、①技術移転部門、②大学チャレンジ基金や大学ベンチャーキャピタル基金運営部門、③ビジネス創造部門であり、「ケンブリッジ・エンタープライズ」は３部門からなる集合体である。

①移転技術

技術の商業的可能性を査定し、およそ年間50件の特許出願を通じて技術を保護し、市場技術と確固たるパートナー（特許収入は年間約3億円）、年間１００件を超える商談のための機密保持契約実施、年間１００件を超えるマテリアルトランスファー契約を実施する。特許過程 時間／月間、アプリケーション段階、おおよその費用は、以下の通りである（調査当時）。また、ライセンシング収入からの還元率は、図表5―5の通り、純利益と発明者、学部、大学本部の取り分が以下の比率で決められていた。

②新ビジネスの創造

メンター、スペシャリストサージリー、ワークショップを通じた助言と支援、上限1億円に及ぶ大学による投資を実施している。イギリスと海外のベンチャーファンドへのアクセス、１００万円

図表5-5　ケンブリッジ大学における特許出願費用と収益分配率

特許出願費用	
（1）日付優先国内出願：0時間＋0－100万円	
（2）PCT出願：12時間＋100万円－	
（3）開示：18時間	
（4）探索と調査：15－29時間＋60万円－	
（5）内審査請求：30時間＋400万円－	
＊国内特許 年間更新料（数十万円）	
収益分配率（発明者：学部：大学本部）	
始め400万円	90%、5%、5%
次の800万円	70%、15%、15%
次の800万円	50%、25%、25%
2000万円超	33.3%、33.3%、33.3%

出所：著者現地インタヴュー調査（2004）

ビジネスプラン競争、大学の職員・卒業生・学生によって形成された180以上の企業がwww.cec.cam.ac.uk のリスト上にある。

③企業のための専門家支援の供給

大学教官（アカデミックス）に対するコンサルタントサービス紹介、紹介料金はコンサルタントへの謝礼に加えてプラス10%。学生はプロジェクト単位で必要な実費にて参画。ケンブリッジ・エンタープライズは毎年3億円規模のコンサルタント契約を取り扱っている。（文部科学省H16年度委託「21世紀型産学官連携手法の構築」『大学発知財の商業化戦略』第2章（小樽商科大学ビジネス創造センター（CBC）編）

(2) 日本の大学でのOTC

他方、日本にもこれらの組織が別個に存在する。TLOについては1997年以降、日本各地に経産省の強力な支援により数多くが誕生した。だが、ビジネススクールについては、一橋大や神戸大・小樽商科大に、私立大学を含めて、「専門職大学院」MBAビジネススクールとして国内に十数校開設されている。

キャピタルについては、2012年に安倍政権が誕生すると、旧四帝大（東北大、東京大、大阪大、京都大）に合計1000億円が投ぜられ、各四大学は大学100％出資の大学発ベンチャー投資事業会社が設置された。現在、各大学ともに50億円を超える大学発ベンチャーへの累積投資を行っている。

テクノロジーベンチャーの成功要因は、（a）優れた独創的技術を既に保有すること、（b）その技術を具現化するプロトタイプ（試作品）を、関連する企業や市場にマーケティングできること、（c）マーケティングの成果により、M&AないしIPOを通じて投資家が投資回収できること、の3条件が欠かせない。

第2章で説明した通り、「基本特許」は少ないクレーム（条項）であらゆる同種発明をカバーする必要がある一方、「応用特許」はあくまでも「基本特許」の保護下で開発した商品を類似品出現を効果的に守備しなければならない。そうした意味では、主に大学や研究所が生み出す「基本特許」と、主にベンチャーや大企業が取得する「応用特許」には大きなギャップが存在する。そのギャップは、あくまでも発明を商業化して世に普及させるためになされるべき支援活動（インキュベーション）が埋める必要がある。また、支援活動は全て資金供与＝投資で賄われるから従来の間接金融は使えない。だから、**商業的に意味を持つ知財戦略と特許出願と、ＶＣ投資、さらに投資したベンチャーを出口に導ける経営者供給といった、一貫した商業化に至る支援体制の構築**が欠かせない。これこそが、真の意味での**ＯＴＣ（技術商業化組織）のミッション**なのだ。今後、国内各地にできたＴＬＯと、大学発ベンチャーキャピタル、さらにＭＢＡスクールは、近い将来、有機的に統合される道をたどることが望まれる。初めは、それらの組織間に資本関係や人的関係はなくてもいい。単に、物理的に同じビルに入居する、相互勉強会を有志開催する程度で構わない。

　産業面でも安全保障面でも国難に直面している今日の日本だからこそ、１９８０〜９０年代米国が示した産学連携を、中央・地方政府の強力な支援の下で開始しなければならない。総人口が減少に転じた２００２年以降の日本には、まだ有為なる人材と、毎年のようにノーベル賞を受賞する大学人・企業人が存在する。これらの資源を明治維新期のように再び統合し、活用しなければ英国よりも悲惨な状態をあと15年もしないうちに迎えることは必至だ。

3　日本の未来と行政府の役割

（1）テクノロジーベンチャーなしに日本の未来はない

科学的根拠がないビジネスにおけるマネーゲームに終始する限り、やがて無資源国日本は貧困化し、同時に基礎的なエネルギーや食料輸入すら事欠くようになる。

わずか1世紀前、日本は強大なロシアと国家の存続をかけて戦った。だが、自らの艦隊は全て外国製だった。その後、第一次大戦を挟み日本は急速な重化学工業化に成功した。だからこそ第二次大戦では敗北したとはいえ、米国を相手に4年間も戦い抜いたのだ。

しかしながら、戦前と戦後を挟むわずか50年足らずの日本産業革命の記憶は、オイルショック後の1980年以降誕生世代の記憶から完全に消失した。だから、大地震や津波のもたらす被害については鋭敏であっても、国全体の安全保障に関する憂いはエネルギー確保を含めもはや存在せず、こうした世代が国会議員の大半を占めるようになると国会でもそうした議論が一切なされない。戦後教育の不備と欠陥もあろうが、何よりも歴史を1世紀・2世紀といった100年単位で長期的かつ戦略的に自ら国の行方を考える視座が、学校教育と国民からほぼ消滅してしまった。

ここで、関心を産業界にフォーカスすれば、人口の爆発的増加を続けるアジア諸地域の台頭と国内少子高齢化・人口減少に直面して、日本の産業界は重大な帰路に立たされつつある。なぜなら、旺盛なモデルチェンジを可能とするサプライ側の能力と、新製品を好むデマンド側の市場の双方が、国内若年労働力の減少によってスパイラルな市場縮小を引き起こすからだ。その結果、今後とも成長を続けなくてはいけない国内企業は、海外へ生産開発拠点を移転せざるを得なくなる。つまり、日本のグローバル企業は、サプライとデマンドの両面から海外に活動拠点を移し、国内産業はこれから次々と空洞化する。だが、こうした事態を静観するばかりでは、増え続ける国内老齢人口＝年金受給世代の医療費と年金を国内税収で賄うことが、甚だしく困難となる。

それでは、このような悪循環を止める策が、これからの日本にとって本当に無いのであろうか？

本書最大のミッションはこの問いに答えることだ。

北海道室蘭にある原子炉容器蓋や大型発電タービン軸で世界シェアトップとして知られる日本製鋼所は、元々、海軍のために大正時代に英国の資本と技術で完成し、今も設備は稼働中だ。そして、日本は英国から学んだ戦艦建造及び航空機エンジン製造の技術を瞬く間に吸収し、「戦艦大和・武蔵」や「零式艦上戦闘機」に代表される高性能兵器の開発に成功し、第二次大戦では東アジア（英国：シンガポール・マレイ・ビルマ・香港・ボルネオ、オランダ：インドネシア・ボルネオ、フランス：南北ベトナム）における欧州植民地軍を制圧駆逐することに成功したが（１９４５年8月の敗戦当日まで日本軍は同地域に武装駐留した）、米国参戦によって打ち破られた。

だが第二次大戦後の産業競争力を概観すると、今日の米国主導型グローバル経済において、かつての同盟国、そして敗戦国であるドイツと日本は、自動車や産業機械分野において突出した一人勝ちを続けている。かつての戦勝国英国は決定的に衰退し、21世紀の新興産業国である中国の躍進は明白だ。

歴史は繰り返す。現在、中国は大洋（太平洋、インド洋）に進出可能な空母機動部隊を米国が脅威と感じるほどのペースで建設し、既に南シナ海を全域手中に収め、岩礁を埋め立て軍事用の3000m滑走路を建設した。

だが、1970年代に本格化した一人っ子政策によって今後急速に人口が高齢化する中国は、それぞれの未来をどのように切り拓こうとしているのだろうか？

今後、ハイテク育成のベンチマークとなる国は中国である。中国は時間のかかる長い基礎研究の成果を留学生大量派遣や（明治日本政府も全く同様の政策をとった）、米国政府によると「WTOルールを無視した知財の違法コピーと米国企業・政府機関コンピュータへの不正ハッキング」を通じて素早く入手し、これを産業化するために**一党独裁政府は自在かつ集中的に育成対象産業＝新興ベンチャーに投資**している。中国共産党が掲げる「製造強国2025」はそのためのスローガンであり具体的な目標だ。中国のテクノロジーベンチャー育成法は、単なる公的資金助成にとどまらず、国営企業ならではの各種免税優遇措置・国営の電力ガス料金逓減、各種法令緩和、そして公開入札によらない政府指名入札を党派遣の企業幹部が実行する。そもそも建前が全て国営企業である中国で、多くの企業は人民解放軍の傘下にあり軍幹部が直接これらの企業に天下る。こうした政府と一体化した中国企業群に対して、100％の法令遵守と納税義務があり、防衛調達ですら公開入札が義務付けられる日本や米国・欧州企業がそもそも太刀打ちできるはずもない。

これに対抗し、中国による不公正貿易是正処置として、米国は特定通信機器輸入禁止や25％関税などを一方的に中国製品に実効的な圧力をかけている。それゆえに、中国とは異なる政治経済体制にあり、かつ先進国でも際だった労働力人口の老齢化が著しい日本は、**中国同様に人為的にテクノロジーベンチャーを育成するための政策が不可欠であり、その必要性は国家存亡の危機水準にまで達しつつある。**

(2) 公的融資・地方金融機関融資の重要性

ＩＭＦリポート通りとすれば、20年以内に日本のＧＤＰが25％以上低下することが避けられない。それゆえ、**若い世代に比べ圧倒的な貯蓄過剰にある老齢者貯蓄を、新産業の担い手たる新興ベンチャーに大量かつ迅速に投資注入する仕組みを早急に構築し、そして、新興ベンチャーに対する厚生年金基金や地方債からの投資を早急に開始する必要がある。**というのは、年金生活に入った老齢世代にとって最大の関心事は、健康と資産の保全にあるからだ。先述の通り、国内純貯蓄は貿易赤字の進行とともに減少する。為替レートが英国同様に慢性的な切り下げ（円安＝対外価値下落）に向かうと、輸入物価は高騰し国内物価は機械的に上昇する。その結果、過去の預貯金はインフレーション分だけ実質的に目減りする。さらに、税収が減少すれば財政支出を削減せざるを得ないから、公的医療支出を絞らざるを得ない。つまり、老齢世代の預貯金を国内投資に回さない限り、預貯金そのものが実質減少して老齢者の生活を直撃する。英国と旧ソ連時代に退職した老齢世代はそれを経験済みだ。

だが、現在の日本で海外起債も容易かつ国内で自社株買いを続ける国内大手企業にとって、国内金融機関から融資を受ける必要性は激減している。それは、大手企業のみならず地方に活動拠点を置く中小企業ですら同様だ。キャッシュフローに優れる中小ベンチャーはかつてのように地方銀行に全面的に依存せず、キャッシュフローに劣る企業は早晩事業からの撤退や後継者難という名の企業消滅が現在進行している。今後、首都圏ならびに地方の銀行はどのように融資拡大を図ればよいのだろうか？

答えは明白だ。**（a）優れたテクノロジーベンチャーの転換社債を引き受け、配当によって収益を賄い、最終的に株式に転換するか現金償還を求める、（b）元金保証のベンチャー投資のための地方債を新たに起債し、投資成功分は地方債購入者に還元し、あるいは償還に不足する失敗分を財政で保証する**、のだ。

では、なぜ財政が保証する必要があるかといえば、そもそも円の対外価値は貿易黒字がもたらした国内貯蓄に依存するから、国内の対外輸出または移出競争力が欠如すれば、結果的に景気停滞下におけるインフレーションが進行する結果、それまでの国内貯蓄は実質目減りする。そうであるならば、従来型の公共事業をメンテナンス中心型に切り替え、年金原資を含む国内貯蓄を新興ベンチャー投資に回した方が、国内景気を刺激して国内貯蓄の目減りを防ぐという観点から、遙かに効率的かつ低コストな公的投資となり得る。

かつて、ホンダは地元浜松から首都圏移転を図った際、地元銀行に反対され融資も途絶えたといわれる。これを救ったのは、当時の**三菱銀行八重洲支店長の決断**だった。ほとんど見るべき会社・個人資産を持たないホンダに対して、現在のメガバンクが融資したことは、現在に至るホンダとの良好な取引関係をもたらした。トヨタが自動車創業を試みて故郷浜松を離れ愛知県（現在の豊田市）に転出した時、いち早く融資したのは地元東海銀行ではなく、関西に本拠地を置く**三井銀行**であった。トヨタと三井住友銀行の良好な関係は今も続いている。

　明日をも見えぬテクノロジーベンチャーと、資産の安全性のみを求める老齢者預貯金を結ぶ**確かな道は、企業の事業内容と市場に精通する地方銀行以外にない**。だが、こうした地方銀行が百億円単位の出資を要するベンチャーファンドを自ら組成することは、物理的に不可能だ。かといって、従来型の５００～１０００万円単位の元金据え置き型融資や直接投資をしても、生まれたばかりで試作貧開発に専念し売上がゼロのテクノロジーベンチャーにとって、1人の人件費を1年間賄える程度の少額資金に過ぎない。世界で活躍する大手企業に対して、独創的な技術ないし会社そのものを売り込めるほどの成果を上げるには、創業直後に2～5億円の直接資金投入が欠かせない。それゆえ、地方銀行と地方政府による転換社債引受や地方債ＶＣファンドによるベンチャー投資が必要だ。

（3）地方都市の可能性

　さらには、少子高齢化する社会では、結婚した2人が4人の親の介護を担う時代に入っている。しかも、その2人に子供がいないか、もしくは生涯独身であった場合、誰がその2人または1人の未来の介護を担うのであろうか？　そうした社会では、若い世代の地元就職指向は極度かつ自然に高まる。それは、旧世代が嘆くこぢんまりとした地元志向ではなく、自分たちの介護を誰に委ねるかという本質的命題なのだ。高い教育費を投じた子供たち世代が、地方に残る親の介護を一切放棄しても、中央で活躍してくれれば良しとする高度経済成長の時代はとうに終焉した。２人以上の子供が十分に地方で生まれ、朝鮮・ベトナム戦争で苦しむ米国が許容した１ドル３６０円―２４０円という過度な円安で、日本企業の輸出競争力が世界を席巻できた時代の幸運な産物に過ぎない。

現在、公的年金に加え、自らの豊かな預貯金取り崩しによって十分に豊かな老齢生活を送れる世代がどれほど存在するであろう。著者はそれを最大でも同世代の20％未満と推計する。それでは、公的年金を全ての収入源とせざるを得ない残りの80％は、どうすれば安心な老齢生活を送れるのだろうか？　答えは、金銭で解決不能な身近な子供たちによる無償の援助（買い物代行、洗濯掃除など身の回りの世話、病院への通院介助、ケアマネージャーとの連絡）の有無による。

以上から、マクロ面からの国内貯蓄を未来への投資に繋げる必要性と、ミクロ面からの地方銀行の生存戦略、そして親世代の介護を地元で安定化させる数少ない選択肢は、**地方銀行と地方政府による地域発テクノロジーベンチャー育成**だ。長らく海外投資が盛んとなり、国内製造業への投資が顧みられなくなった１９９０年代以降、国内での借り手は減少の一途をたどり国内超低金利が進行中だ。その結果、借り手が不在で預金者への利息支払いコストのみかさむ地方銀行は冬の時代といわれている。本当にそうであろうか？　地方には未だ多くの未利用資源、すなわち、貯蓄過剰、労働力人口、優れた地方空港・港湾などの産業インフラ、電力ガス供給、農林水産業、観光資源が眠っている。これらを活用して明日の雇用を生む出すものはベンチャー企業しかない。そして、それらの企業を興すものは企業家として尊敬されてきた。日立製作所とて、1世紀前に日立銅山で社員2人がスタートした社内ベンチャーであった。

だとすれば、少子化が著しいが、相対的に資金調達コスト・土地労働コストが首都圏に比べ圧倒的に安い地方は、起業家にとって最良の創業場所とはいえないだろうか？ その応援を、まず地方政府と地方銀行が始めるべきだ。明治維新は薩摩・長州に代表される辺境の雄藩によって開始された。それ以来、日本の近代化は、それまでの政治的中心地である京都を通り越し、江戸＝東京に全てが集中立地する150年であった。

英国250年の歴史は、地方工業都市の没落と帝国首都ロンドンにおける植民地をネットワーク化する全世界的な金融センターとしての優位性確立の歴史であった。もしも日本が英国と同じペースで国内産業を消滅させるとしたら、あと100年ほどの計算になる。だが、全世界の隅々に資源利権ネットワークを有し、必要なら米国の同盟国として湾岸戦争すら引き起こす英国と比較して、人と技術しかない日本の衰退は数倍の速度で進行する。おそらく1940〜50年代に生まれた戦中戦後ベビーブーマーが平均余命に達する2030〜40年頃、国内貯蓄は枯渇し、貿易赤字は慢性的な超円安をもたらす。その結果、日本自体は永遠に立ち直る機会を逸してしまう。

だからこそ、**日本は150年前の明治維新に立ち戻り、資本と労働力の流れを中央から地方に逆流**

させるべきなのだ。その第一歩は地方テクノロジーベンチャー投資から始まる。否、ハイテクは全ベンチャーのわずか数パーセントに過ぎないが、この数パーセントが地方経済にもたらすインパクトは衝撃的だ。1997年にはGoogleがスタンフォード大学大学院博士課程在学中の学生2人により創業した。今、スタンフォード大の周辺地は、全米で最も住宅価格が高く、華やかなショッピング街とレストランは活況を呈している。ハイテク産業の立地は、地方都市への若い結婚世代の定住促進と、地方経済圏への莫大な消費需要をもたらす。

それは、インバウンドに代表される外国人観光客の比ではなく、世界の投資家たる富裕層が集まり、高級レストランや高級ホテルはいつも満杯を意味する。そして、その核となったスタンフォード大は米国で入学者が志願者の5％未満といわれる超難関校となり、学部学費も寮費込みで9万ドル（1000万円）と全米最高である。それでも、シリコンバレーの創造者であるスタンフォード大が生み出したテクノロジーベンチャーに世界中の人々が魅了され続けている。

（4）大学と地方経済

改めて、少子高齢化がすすむ地方において、テクノロジーベンチャーのシーズ（種）はどこに存在するのだろうか？

実は、日本国内において同一地方圏（北海道・東北・東海・関西・九州など）以外から、今もなお高い学力水準の学生を引きつける国内地方大学が少なくとも2校存在する。それは、首都圏にある東京大学を除くと、北海道大学と東北大学である。２校は、大学資料によると入学者の過半数を存在地方圏外から集めている。理由は、２校が旧帝大であったばかりではなく（他の旧帝大は同一地方圏からの進学が９割）、四国全体面積にも匹敵する国内実習農林を有す北海道大学農学部、ドイツ・フランスなどからの欧州先進国から１００人単位の大学院への留学生が絶えない東北大学工学部（及び電気通信研究所、金属材料研究所）があるからだ。２校は、これまでに世界的な研究業績を上げ、国内産業界に1世紀以上にわたって有為なる人材を供給し続けてきたことにより、今も受験者・親と企業の双方から高い尊敬を集めていることが、域外からの過半数の受験者を集める真の理由だ。こうした大学から、従来型の首都圏一部上場企業に永久就職する道に加えて、もしも大学発ベンチャーへの就職そして創業が主流となれば、学生たちには卒業後及びUターン先の受け皿として地方テクノロジーベンチャーという選択肢が生まれる。２０２０年の英国紙タイムスが発表するハイヤーエデュケーション国内ランキングで、東北大学1位、北海道大学が6位に選ばれた。

また、著者ら文科省からの受託研究による海外産学連携調査では、海外を含む州外出身者が９割の米国ＭＩＴ（マサチューセッツ工科大学）における卒業生の実に6割が地元に就職する。非現実的な仮定だが、地元進学組が１００％地元に就職したとしても、残り5割の外国人を含む州外卒業生は大学のある地元マサチューセッツ州に就職している計算となる。それゆえ、大学は優秀な人材の地元受入機関として有効に機能している。ＭＩＴ専攻学部・大学院には通常金曜日の講義がない。その結果、教授サラリーは5分の4に減少するが、5分の1は大学のあるケンブリッジ地区（ＭＩ

Tとハーバード大学が所在）の川を隔てた対岸地区、ダウンタウンと称する大学外での自由な企業活動に従事することが奨励されている（ワシントンDC地区に飛行機で通い、大統領アドバイザーとして働く著名教授も多いが）。もちろん、5分の1以上の収入を上げることができる実力教授だからこそ可能な方針ともいえるが、結果的にMIT発ベンチャーは地元に2000社以上存在する。だからこそ、米国では将来有望と思えるテクノロジーを企業に伝達できる大学発型ベンチャーを輩出する大学は高く尊敬され、より一層優れた教員と学生そして政府及び民間企業・個人からの研究教育資金が集まる。

米国は、連邦政府（NIH、国防総省）からの委託研究成果を、大学が秘匿することの対価として、テクノロジーを製品化するテクノロジーベンチャーのスタートを促し、その製品を本来の資金提供者である連邦政府が優先購入する。つまり、自由主義経済といっても、米国国民の生命と安全を守るため、連邦政府による有力研究大学への公的資金助成→研究成果の大学独占化→ベンチャーを通じた素早い製品化→連邦政府による優先購入、という方法で大量の資金（NIHだけで毎年2兆円）を政府は供給しながら戦略的にテクノロジーベンチャーを育成している。こうした一連の研究開発プロセスから、レーダー、コンピュータ、インターネット、GPS、ミサイル迎撃システム、そして5Gに代表される無線通信技術が生まれた。スマートフォンは、そうした無線通信基盤技術を効率的に結ぶ民生用ハンディターミナル（箱）に過ぎない。

昨今の米中対立の契機となった5Gは、それが次世代基盤技術であるからこそ米国は中国に貿易戦争をしかけたのだ。それは、巷の報道で流れる政治家個人の思惑や企業間の利害対立、経済的損失や市場マーケティングなどの次元を遥かに凌駕する、国家安全保障上の最大問題なのだ。

日本はこのような米国の基盤技術を「いかに安く、早く応用した」民生品を大量に供給して戦後の産業競争力を築いた。だから、日本よりもさらに早く手段を選ばずに基盤技術を米国からコピーする中国に対して、日本の産業競争力上の地位を早晩明け渡さざるを得なくなる。なぜなら、日本が「基本特許」を有する分野は少なく、それに基づく戦前の日立製作所のようなテクノロジーベンチャーが第二次大戦以降、ほとんど出ていないからだ。戦後のSONY創業は、米国からのトランジスタ特許の利用権購入から始まったし、初期のホンダは戦前戦中に陸海軍が集中的に育成した欧米由来の軍用航空機エンジン製造技術と人材の戦後採用に依拠する。

だからといって、SONY・ホンダの戦後日本における貢献と世界におけるプレゼンスは否定できない。だが、日本は、これから世界最速ですすむ少子高齢化社会に耐えられるだけのハイテク基盤技術「基本特許」を、日本国民が自らの手で生み出さなくてはならない。まさに、ハイテクなしにはHPの生みの親ターマン教授がいう「年貢を支払う家臣以上にはなれない」のだ。

昨今、産業化とは無縁に思える基礎研究者のノーベル賞受賞理由として、発明がのちに産業界にもたらしたインパクトが重視されている。国内メーカー技術者がノーベル賞受賞者になり出したのも、はっきりと産業競争力の根源が評価されている証左だ。そして実際に、産業貢献で多大な成果を収めたMIT・スタンフォード両大学は、同時に多くのノーベル賞受賞者を輩出する大学として著名である。国内大学における圧倒的なサイエンスは、国際競争力の高い国内産業を育てる。これが真理であり、王道なのだ。

（5）中央・地方政府に期待される役割

ここに、今日の日本における中央・地方政府が果たすべき役割がある。地元における経済効果は上に述べた通りである。ましてや、若い世代が被雇用者として地元に定着すれば、結婚、子育て、住宅取得が始まる。街は自ずと輝きを増し、税収は増加する。子供世代が地元に残り、基本的に親世代は公的介護施設で生活しながらも、子供が日常の面倒を厭わず見てくれるがゆえの充足感と、直接的な公的介護費用のコストは低下する。**誰もが幸せになれる地方での生活は、高い教育を受けた子供世代が雇用される世界的ハイテク産業さえ地方に存在**すれば可能となる。ハイテク産業の主役は、もちろんテクノロジーベンチャーであり、そのハイテクを生み出す母親は地方大学だ。そして、こうしたハイテク企業の父親は、教え子の創業を無私で支援する教授と大学、資金の出し手である地方銀行（地銀・信金・農協）、そしてテクノロジーベンチャー支援を本来の使命として支援する地方政府である。

そのためには、**地方にはハイテクを理解できる優秀な理系人材のプールが必要**である。現実的に、理系分野の博士号を有する職員を地方銀行が採用する可能性は、ほぼ無い。だからこそ、地方政府がそうした高度理系人材を職員として中途採用する必要がある（年限のついた嘱託採用ではない）。

先行事例として、現在のニセコ町は20年前はこのような姿ではなかった。だが、先見性のある町長によって複数の外国人職員を採用・委嘱した結果、彼らはニセコの雪質の良さ、リゾートとしての素晴らしさを英語で世界に発信し続けた。その結果、1ヵ月以上の定住外国人4000人以上、取引されるリゾート用地坪単価70万円という、破格の国際リゾート・ニセコが出現したのだ。

従来の、中央と地方の税収を再分配するだけの地方政府では、早晩、少子高齢化と中央政府の公共事業再分配が社会保障支出増大によって成り立たなくなる。それゆえ、地方政府は国内でダブつき気味な高度な理系人材について家族移転を条件として中途採用し、彼らの生活を保障し、機会に応じて地元テクノロジーベンチャーへの転職も後押しする高度人材供給組織へと変化する必要がある。

時代は、一般国民の理解を超えて急速に進む。1853年、ペリー提督率いる米国艦隊が江戸湾に侵入した時、わずか15年後の1868年に260年続いた幕府が消滅して明治維新が起こり、1000年以上続いた士族階級が消滅すると、誰が想像し得たであろう。同様に15年前、全世界に直接的な軍事的脅威となる中国を、誰が想像し得たであろう。日本の携帯・スマートフォン・コンピュータ・TVが世界で韓国にその地位を奪われ、これらの企業のいくつかは台湾や中国企業に買収されると、誰が考えたであろう。そしてまた、日本国内に4000万人台に迫る海外観光客が国内津々浦々を闊歩すると、誰が想像したであろう。こうした時代の推移は、今後、10～20年先にさらなる劇的な変化を日本国内にもたらす。残念ながら民間企業、特に地方の中小企業に10年先を見越した投資は極めて難しい。

だが、税金を預かり、10年先のために投資できる組織として、地方に地方政府が存在する。地方政府のこれまでの戦後の役割は、黙っていれば必ず金融保険納税といった形で中央に還流する地方発資金を、地方交付税交付金や地方公共事業という形で地方に還元させる圧力団体及び執行団体だった。だが、還流する地方発資金も次第に減少し、やがて首都圏そのものがかつて地方から上京した年金世代が主流となる近未来、首都圏は日本の赤字地方団体に転ずる可能性が極めて高い。こうした首都圏から、自身の金融資産を現金化して地方へ再移住できる幸せな年金世代は、ごくわずかに過ぎない。多くは、次第に進行する円安と国内物価高に直面し、年金と資産の実質目減りに苦しみながら、やがて生活保障を必要とする環境に陥りかねない。

こうした首都圏における高齢化の悲劇を避けるためには、地方における雇用を拡大し、地元就職者とIターン・Uターン者の雇用受け皿を地方に喫緊で創出しなければならない。そうしなければ、地方と中央の双方で社会保障費負担による財政破綻が続出する可能性が高い。

それゆえに、国内国立大学の再編統合が欠かせない。同一地方圏に存在する国立大学群は、重複する研究室を移動・集積・統合して世界で突出するセンターオブエクセレンスを国内各地に形成しなければならない。例えば、北海道地域を例にとると、シベリア並の極寒冷地である北見に世界水準の寒冷地技術、豊かな畑作畜産地域である帯広に世界水準の獣医畜産農学技術、製鉄高炉を有する室蘭に世界的な金属冶金技術、恵まれた港湾ドックを有し太平洋・日本海に面する函館には世界水準の水産造船技術、そして人口が集中し北海道の首都ともいえる札幌に世界的に突出した高度医療エンジニアリングやバイオ創薬、衛星リモートセンシング、遠隔地をリアル動画で結ぶ高度ＩＴ技術を、戦略的に移動・集積・統合させてはどうだろうか？

第1章で紹介した台湾モデルを国内地域に応用するならば、日本式のそれは、日本が設立した台北帝大の他に何もなかった台湾のように、新たな組織を生み出すのではなく、既存の施設や組織についてその総定員を維持することを最低条件とした再統合ではないだろうか？

例えば、北海道の農業分野では、道立・国立の各種農業試験場、北大農学部、帯広畜産大学が広大な地域に展開している。せめてＺＯＯＭ等のＩＴ技術によるリアルオンライン会議授業が成立し、学生や研究者同士がその場にいてアイデアを共有できれば爆発的な知の創造が期待される。同時に、これらの組織が、平等な条件で1年ないし半年単位で教育研究場所を移動して単位互換で学び、共同研究できれば、さらに英知は刺激される。この中に、実践的な企業家教育プログラムと、100億円規模のファンドが協調すれば、農学を志す大学院生や公的試験研究機関の研究員は、自らの研究成果を活かすべく企業家精神と経営理論を学びながら、投資ファンドから投資を受けてテクノロジーベンチャーを創業できるようになる。たとえ、終身雇用権を持つ大学や公的試験研究機関職員であっても、出向先としてベンチャーを選べばいい。仮に、出向先ベンチャーの成功が見えてきて、上場前にストックオプションを行使したいならば派遣元公務員職を退職してもいいし、上場後の行使に関してはストックオプション付与を事前に派遣元に申請していたなら証券会社管理口座を使っていつでも行使可能だ。

大切なことは、世界的に突出したセンターオブエクセレンスが地方中核都市ごとに存在し、そこで毎年のように世界中の研究者やエンジニアが集まり情報交換することなのだ。そのためには、地方中核都市に世界に知られる研究者と研究施設が複数存在することだ。現在の国立大学法人が平準化した「あれもこれも」と同じような研究室をキャンパス各地に分散させて存続させる限り、地方にスタンフォード大とシリコンバレーは決して生まれない。

そのため、競争すべきは地方圏内の国立大学ではなく、国内他地域と海外大学だ。国内地方銀行に眠る貯蓄過剰を有効に活かし、未来への投資がなされる受け皿になれるよう地方大学は自ら生まれ変わらなければならない。そうしなければ、やがて増大する社会保障費は地方国立大学の予算すら圧迫する。つまり、**地方に雇用と納税をもたらすベンチャー企業を、地方国立大学は自ら生み出さなくてはならない**。だが、今から地道な努力を始めなければ、ベトナムやタイなどの中進国にすらいずれ追い抜かれかねない。現実に、英国は米国・ドイツ・日本に対してそうなったし、１００年前の英国から見た日本は、現在の日本から見た東南アジア諸国の産業水準に過ぎなかった。今日、英国産業革命を産んだ英国グラスゴー大学と同市の衰退した現在を見れば、それは一目瞭然だ。

〈参考文献〉

（１８９５）Ｊ・レー『アダムスミス博士伝』（大内兵衛・節子共訳）岩波書店１９７２／JOHN RAE "LIFE OF ADAM SMITH" Augustus M. Kelley; New York １９６５・・・（アダム・スミス博士の死後、１世紀を経て英国で刊行された世界唯一の伝記。国富論以前のアダム・スミス教授の生い立ちと行動を活き活きと描写）

（１９９５）デービッド・パッカード『ＨＰウェイ（増補版）』（依田卓巳訳）海と月社２０１１／David Packard "The HP Way-How Bill Hewlett and I Build Our Company" Harper Business; New York・・・（スタンフォード大に入学したすべての学生の必読書。初期シリコンバレーの形成に貢献した恩師と学生の心温まる物語）

（２０１１）瀬戸篤「日本にテクノロジー・ベンチャーを育てる国家戦略を」『産学官連携ジャーナル』ＪＳＴ科学技術振興機構（同年９月）・・・（日米大学の公的研究支出の差を背景として、成功した戦時中の航空機開発プロセスを基にこれからの我が国テクノロジー・ベンチャーの支援戦略を構想）

おわりに

著者（瀬戸）は、20歳で学部に進級して以来42年間にわたって、英国発の産業革命史と経済思想を学んできた。その英国は自動車・鉄鋼・造船・鉄道などの競争優位を次々と失い、さらには長年の経済パートナーとしてきたEUすら離脱した。もはや、国内製造産業はかつての輝きを失い、EUという欧州大陸市場からも離れ、漂流している。英国を師として開始した日本の産業革命は、英国同様に衰退を免れ得ないのであろうか？

この疑問に対し、著者は日本には全く別な未来があると信じ続けている。なぜなら、十分過ぎるほどの国内貯蓄、優秀なエンジニア・サイエンティスト、今なお国内競争力を十分に保持する企業群がある日本は、英国と根本的に異なるからだ。さらに、これまで日本人があまり注目してこなかった未利用資源が国内に存在する。それは大学発ベンチャーに代表されるテクノロジーベンチャーだ。

一般に、日本人は新参者に対して不寛容だし、一度成功した大企業がブランド化すると創業の精神も従業員は忘れがちだ。今、現在の自分たちが存在する理由を見いだせず、ただ表面上のコトバとしてのDNAが語られるのみだ。現在、27人を超えるノーベル賞を受賞するに至った日本の国立大学は今後担えるのであろうか？　一見、絶望的にも見えるが、決して不可能ではない。なぜなら、資本も人材も大学もない中で、明治維新は成功したのだから。それらが全て満たされる現在の日本で、何が欠けているから不可能だというのであろうか？

もしも欠けているものがあるとすれば、**人々の魂と知力の中に宿るべき企業家精神**ではないだろうか。少なくとも、１８５３年まで鎖国状態で太平の世を謳歌していた武士階級にとって、ペリー艦隊の江戸湾侵入は驚愕する現実だったし、これを機会として倒幕、明治維新へと入ったサムライたちには、資本も人材も情報も極めて限られていたが、近代国家を創ろうという企業家精神に事欠かなかった。Ｐ・Ｆ・ドラッカー博士も賞賛する。

　日本の現代史における二つの時代ほど、イノベーションと企業家精神にかかわるケース・ストーリーの多い時代はない。**明治維新と、第二次大戦後復興期である。**今から50年以上も前のことだが、ロンドンで銀行業に身をおいていた頃、**私は明治時代における日本のイノベーションと企業家精神の歴史に完全に魅了された。**日本に関心をもち、その歴史や文化や芸術を勉強するようになったのは、そのためである。（Ｐ・Ｆ.ドラッカー『イノベーションと企業家精神』（小林宏治監訳）ⅰ頁）

こうした一連の維新に至る行動を、単なる一部武士階級の暴力による政権奪取クーデターと捉えることは、あまりに矮小かつ偏向した歴史観に過ぎない。実際は、欧米列強が次々とアジア地域を植民地化する流れに抗して、独立した近代国家を樹立しようとする企業家精神溢れる革新的サムライたちの知と血を流すイノベーションだった。維新から１５０年を経て日本の地方発イノベーションが再び試されている。当時のサムライとなって少子高齢化する日本を救えるか否かが、86の国立大学法人教職員に今問われている。各地の国公立大学法人はまるで、幕末に国内各地に存在した大小様々な諸藩のようだ。

大学が、日本の新たな産業創出のために立ち上がる時がついに来た。変革にひるんでいては、少子化＝受験者の質低下＝学問水準の低下に直結する。明治維新から１５２年、第二次大戦敗北から76年、すなわち75年周期の社会イノベーションを幕末から日本は２回繰り返してきた。今こそ政治、経済、社会の全てにわたる三度目の維新が日本に必要なことは、国民にとって明白だ。

２００４年に国立大学法人小樽商科大学にビジネススクール（ＯＢＳ）が誕生し、それから２０２０年にかけて16年間という長くもないが短くもない区切りにおいて、私たちベンチャー支援者の置かれている環境も激変した。１９９０年代終わりのベンチャーブームが去り、今日、ＩＰＯ後の時価総額１０００億円を超える大学発ベンチャーを含むユニコーン・ベンチャーが出現し、今やベンチャー支援も新たな時代に入ろうとしている。そうした中で、これから独自の技術やサービス手法をベースとしてベンチャー設立を考えている創業者予備軍もいるだろうし、また、苦労した創業期を経てＩＰＯかＭ＆Ａかについて思い巡らす創業経営者も数知れない。はたまた、企業内で任されていた開発テーマが会社の経営判断で突然消滅することとなり、何とかして後進に道を残すべく止むに止まれぬ思いで突然の創業を考えている企業内創業予備軍もいることだろう。

２０２０年1月、中国に端を発した新型コロナウイルスが世界中に伝染し、多くの人々が犠牲になった。国際線は飛ばず、国境は閉鎖され、自由な人々の交流と公益が大きく制限されるに至った。その結果、たとえコロナウイルスが収束しても、世界経済は全く新しい局面を迎えざるを得ない。

こうした中で、愛する日本の未来のため、われわれが知の商業化へ向けた一筋の具体的な道筋を示すことができたならば、過去16年間の国立大ビジネススクールにおける私たちの研究教育活動は国民への真のお返しとなろう。それこそが私たちの出口なのかもしれない。

謝　辞

本著を締めくくるにあたって、まずは最大限の謝辞を同文舘出版（神田神保町）の専門書編集部、とくに企画作りから仕上げまで聡明かつ丁寧な対応を頂いた大関温子氏に捧げたい。彼女の熱意と応援がなければ、首都圏から遠く経済力の脆弱な地方ビジネススクール（専門職大学院）における教育研究成果を、日本のイノベーション創出のために公刊することは、著しく困難であった。

また、本書の初期ドラフト通読を著者がかつて指導したOB四氏に依頼した。彼らから頂いたコメントによって、大学特有の一方通行スタイルが緩和されたことは、疑いないだろう。四氏とは、学部ゼミOBである工藤秀雄・経営学博士（西南学院大学准教授）、大学院ゼミOBである服部統幾氏（日本政策投資銀行）及び黒川博昭氏（元富士通社長）、そしてNEDOフェローOBの片桐大輔・薬学博士（東北大学ベンチャーパートナーズ株式会社）だ。

最後に、これまで年間数名のゼミ指導という恵まれた教育環境を四半世紀にわたり与えてくれた母校・小樽商科大学に感謝申し上げたい。同時に、結婚から本書完成にいたる波乱に満ちた職業人生を常に支えてくれている著者らの妻たちに、この場を借りて心から感謝を述べたい。そして、1938年創業、スタンフォード大学発ベンチャー第1号のHP創業者が、創業から58年後の1996年に、人生最後の著『HPway』（1996）に残した一節をもって、本書を締めくくりたい。

本書を、（共同創業者の妻である）フローラ・ヒューレットとルシール・パッカードの想い出に捧げる。

会社創業時、ふたりの常なる励ましと積極的な参画が、HPウェイの創設へとつながった。（D･Packard『The HP Way』HarperBsusiness 1996　著者訳（注））

第3章
武田 立（たけだ・とおる）

北大工学博士（元ソニー株式会社技術戦略部統括部長）
1950年北海道出身、国立北海道大学工学部・同大学院電気工学専攻修士課程を経て、1974年旧電電公社入社、武蔵野電気通信研究所で大型コンピューター用記憶装置の開発、ISO/IEC/SC23光ディスク標準化日本代表、同WG議長等を歴任。1992年ソニー(株）入社、1996年北海道大学大学院工学研究科情報工学専攻博士課程を修了し、北大工学博士。同年PC用DVD+RWの6社アライアンス主宰、2006年ソニー(株）技術戦略部統括部長、2010年より三菱化学（株）フェロー・東北大学特任教授・東北大学ベンチャーパートナーズ(株）を経て、2017年引退。現在、小樽商科大学ビジネススクール「テクノロジービジネス創造」非常勤講師を担当。

第4章
江戸川 泰路（えどがわ・たいじ）

公認会計士（EDiX Professional Group　代表パートナー）
1974年東京都出身、1996年慶應義塾大学法学部在学中に公認会計士二次試験に合格、1997年同大学を卒業し、太田昭和監査法人（現EY新日本有限責任監査法人）に入所、1999年公認会計士登録、2010年同法人パートナー。2003年より産学連携や大学発ベンチャー支援を手掛け、ライフサイエンス企業やIT企業をはじめとする数多くの株式上場を支援。2019年に独立開業、我が国ベンチャーエコシステムの支援に特化した現事務所を創設。現在、(株)産業革新投資機構監査役、(株)エニグモ監査役、日本ベンチャー学会監事、小樽商科大学ビジネススクール「テクノロジービジネス創造」ゲスト講師、を兼務。

【著者経歴】

第１章及び５章
瀬戸 篤（せと・あつし）

北大農学博士（国立大学法人小樽商科大学ビジネススクール教授）
1958年北海道出身、1983年イギリス私費留学を経て国立小樽商科大学商学部を卒業し、北海道電力(株) に入社。道北営業所、国際大学・ニューヨーク大学大学院派遣留学を経て、同社総合研究所研究員。傍ら、北海道大学大学院農学研究科農業経済学専攻博士後期課程に学ぶ。1995年小樽商科大学商学部助教授、1996年北大農学博士、名古屋大学大学院併任を経て、2005年より現職（専門職大学院アントレプレナーシップ専攻)。これまでに、複数社の社外監査役、NEDO技術委員、経産省・文科省の本省委員を歴任。現在、同大学ビジネススクールで「企業家精神」「テクノロジービジネス創造」を担当。

第２章
金丸 清隆（かなまる・きよたか）

弁理士（きらめき国際特許事務所長）
1969年兵庫県出身、1993年国立北海道大学農学部農芸化学科を卒業し、民間企業に入社。独立、技術移転会社を経て特許事務所へ入所後、現在のきらめき国際特許事務所を開設。2005年に弁理士資格取得。大学顧問、公的機関アドバイザー、客員講師などを歴任し。現在、小樽商科大学ビジネススクール「テクノロジービジネス創造」ゲスト講師を兼務。

2021年5月30日　初版発行

イノベーション具現化のススメ

―イノベーションを具現化する知財・投資・出口、３つの戦略―

著　者 ©　瀬　戸　　篤
武　田　　立
金　丸　清　隆
江戸川　泰　路
発行者　中　島　治　久

発行所　同　文　舘　出　版　株　式　会　社
東京都千代田区神田神保町 1-41　〒 101-0051
営業 (03) 3294-1801　編集 (03) 3294-1803
振替 00100-8-42935　http://www.dobunkan.co.jp

Printed in Japan 2021　DTP：リンケージ
印刷・製本：萩原印刷

ISBN978-4-495-39040-2